幸福地行走

一位数学教师的思与行

成玉丽◎著

安徽师范大学出版社
ANHUI NORMAL UNIVERSITY PRESS
·芜湖·

图书在版编目(CIP)数据

幸福地行走：一位数学教师的思与行 / 成玉丽著.
芜湖：安徽师范大学出版社, 2025. 8. -- ISBN 978-7-5676-7375-5

Ⅰ. G623.502-53

中国国家版本馆CIP数据核字第20250T15A5号

幸福地行走——一位数学教师的思与行

成玉丽◎著

责任编辑：孔令清　　　　责任校对：汪　元
装帧设计：张　玲　姚　远　　责任印制：桑国磊
出版发行：安徽师范大学出版社
　　　　　芜湖市北京中路2号安徽师范大学赭山校区
网　　址：https://press.ahnu.edu.cn
发 行 部：0553-3883578　5910327　5910310(传真)
印　　刷：苏州市古得堡数码印刷有限公司
版　　次：2025年8月第1版
印　　次：2025年8月第1次印刷
规　　格：700 mm ×1000 mm　　1/16
印　　张：16
字　　数：230千字
书　　号：978-7-5676-7375-5
定　　价：58.00元

幸福地行走在教育旅程上

在人生的长河中，总有一段旅程，让我们心驰神往，又充满挑战。于我而言，这段旅程就是作为一名数学教师，在教育的田野上幸福地行走。每一次与学生的如期相遇，每一堂课的精心准备，每一次对教学理念的探索与实践，都是我生命课堂中最宝贵的财富。《幸福地行走——一位数学教师的思与行》这本书，便是我这段教育旅程上的成长点滴和研修成果。

课堂，是我与学生共同成长的舞台。我始终坚信，数学教学不仅仅是知识的传递，更是思维的启迪和情感的交流。开篇“课堂追求”，阐述了我对数学教学的深刻理解，以及对构建一个充满活力课堂的执着追求。从理论到实践，不断探索，通过一系列具体的课例，从《20以内进位加法》的趣味教学，到《表内除法总复习》的深度学习，再到《平行四边形的面积》的空间想象，试图展现一个多维度、多层次的数学课堂，让学生在学习中感受到数学的魅力，体验到思维的乐趣。

教育随笔，是我对教育生活的深刻反思和感悟。在这里，我记录了教学过程中的点点滴滴，既有对深度学习的思考，也有对算法多样化的探讨；既有对小组合作学习有效性的构建，也有对如何培养学生数感的独到见解。每一篇文章，都呈现了我对教育事业的热爱与执着，也都饱含了我对学生成长的关心与期待。这些随笔，不仅是我个人教学智慧的积淀，更是对广大青年教育工作者的一种启示。

在教育的道路上，我深知一个人的成长是有限的，而团队的力量是无穷的。因此，本书最后我分享了自己的教学特色、学生学法指导以及与家长沟通的经验，同时介绍了工作室的团队建设经验和课题研究成果。希望这些分享，能够激励更多的青年教师走上幸福的教育之路，共同为学生的成长贡献智慧和力量。

本书是我作为一名小学数学教师，对数学教育的深刻理解与热爱的真诚表达。我相信，只要我们用心去感受教育的美好，用爱去滋养学生的心灵，就能在这条幸福的道路上越走越远，越走越宽广。愿每一位读者都能从中汲取力量，找到属于自己的教育幸福之路。

目　录

课堂研究，深耕成长

教育随笔，积淀智慧

经验共享，幸福前行

课堂研究，深耕成长

在广袤的教育星河中，每一颗星都闪烁着对知识的渴求和对智慧传承的期待。作为一名教育者，我始终相信，教育是对灵魂的唤醒与点燃。课堂不仅是知识之源泉，更是性格铸造与能力培育的摇篮。因此，我矢志不渝地追寻“课堂研究，深耕成长”之路，愿在这片充满希望的土地上，播撒梦想的种子，收获成长的果实。

在我的数学教育教学观里，教师应非常重视学生数学素养的培养，而不仅仅是解题技巧的教授。我深信，数学教育的本质在于引领学生发现数学之美，体验数学之趣，进而培养他们以数学的视角审视世界、以数学的思维分析问题、以数学的语言发表见解的能力。

课堂追求

作为一名一线教师，无论工作怎么变化，始终最爱的是课堂。我觉得老师的根是教学，而教学的根在课堂。回顾自己二十多年的教学历程，从未觉得上课是件累人的事儿，因为很享受与学生一起创造课堂的精彩。我经常对团队的年轻教师说，课堂是教师成长的舞台，无论什么时候、走到哪里，会教学的老师总是受欢迎的。只有用心对待自己的课堂，坚持研究、学习、实践、反思，走出一条具有自己教学风格的课堂之路，你才是不可或缺的那一个。

我的数学教育教学观

最近几年，课堂教学经验不断积累，个人教学风格逐渐形成。于是我在思考：理想中的课堂教学应该是什么样子的？伴随着核心素养时代的到来，三维目标逐渐向核心素养过渡，以“生命生长，终身育人”为核心价值的深度课堂逐渐进入教育者的视野。因此，理想的课堂，首先应该是有趣的、充满挑战性的。新课标理念下的数学教学，应该是基于真实问题情境让学生发现问题、提出问题并解决问题，因为只有现实世界的真实问题才能激发学生学习的兴趣、探究的欲望。其次，理想的课堂要能激发学生不断发散思维。这是最重要的一点，因为数学是思维的体操，数学教学最重要的就是发展学生的思维能力，引领学生触摸数学的本质。最后，理想的课堂要能让学生感受到数学的无穷魅力，发展学生的数学素养乃至综合素养。

在多年的教学生涯中，我对课堂、教学、教育的理解和认识也在不断变化和完善，并在思考中梳理，逐渐形成了我的数学教育教学观——让学生站在学习中心，让学习真正发生，让数学教学成为数学教育。

一、让学生站在学习中心

让学生站在学习中心，也就是让学生成为学习的主体、课堂的主人。这是因为只有调动起学习者自身的积极性、主动性和创造性，学习效果才能最大化。在课堂教学中，教师要舍得放手、勇于后退，坚持做到问题由学生提，疑难让学生解，方法让学生悟，思路让学生说，错误让学生析。站在学生的角度研究数学教学，引导他们通过观察、操作、独立思考及讨论交流，获得数学知识，掌握数学技能，感悟数学思想方法，积累数学活动经验。

二、让学习真正发生

一要真正学数学，也就是开展有效的深度学习，引领学生积极主动地探究学习，形成自己的数学思考。真正的学习要从学生所需开始，教师要站在学生的角度，了解学生已经在哪里，要往哪里去，如何去那里，从而实现真正的以学定教。二要学真正的数学，也就是学习有价值的数学、有文化的数学、有魅力的数学。教师要抓住数学的本质开展教学，认识数学知识间的联系，让学生真正经历数学学习过程。在课堂教学中，教师要给学生提供充分的思考时间和空间，通过生生间、师生间不断地质疑追问，碰撞交流，激活思维，提升数学思考力，然后在体验和创造中学习数学，引导学生实现知识的自我构建，让学习真正发生。

三、让数学教学成为数学教育

对于数学学习，仅仅提升学生的学习力是远远不够的，育人的价值在于让学生成为更好的人，成为未来世界的新公民。从这个意义上说，要让数学教学成为数学教育，课堂上教师不仅要传授知识技能，更要让学生具备适应终身发展和社会发展需要的必备品格和关键能力。所以，教师要根据数学学科的特点，发挥学科育人的独特能力，努力以数学的理性精神影响学生，关注数学的抽象、推理、建模、应用、审美等，让学生养成思维严谨、去伪存真、敢于担当、批判质疑的品质，从而让数学教学走向全面育人。

追寻充满活力的课堂

我国新一轮基础教育课程改革从2000年开始，至今已走过20多年的历程，且2011年版数学课程标准早就提出了“让学生成为学习的主人”的教学理念，但时至今日，不少课堂教学中仍然存在“穿新鞋走老路”的现象。从教学方式和学习方式看，老师讲得很卖劲，学生听得很无劲（参与少）；老师一言堂，学生多齐答（思考少）；教学很顺畅，学生无问题。从教与学的过程看，课堂注重知识结论的获得，不够关注学生的学习兴趣，不够注重知识背后的道理，教与学的过程仍然停留在机械记忆和反复训练的浅层学习上。这些对于发展学生的理性思维和提升解决问题的能力都有较大的障碍。

跟年轻老师交流，他们反馈“讲少了，担心学生听不懂；不敢放手，害怕收不回来；面对突发状况，有时不知怎么与自己的教案有机整合起来”。在这样的心态影响下，课堂日复一日重复着“三步走”模式，即复习新课—讲授新课—练习巩固。久而久之，这种教学模式导致学生的思维产生依赖性和惰性，因而也就谈不上让学生主动学习、主动探索，以致他们丧失了思维的创造力。

伴随着核心素养时代的到来，随着三维目标逐渐向核心素养过渡，以“生命生长，终身育人”为核心价值的深度课堂逐渐进入教育者的视野。那么打造一种什么样态的课堂才能实现核心素养的要求呢？基于自己对教学的理解和认识，笔者提出了“活力课堂”理念。

其实，“活力课堂”这个说法并不时髦，对我来说却是情有独钟。最初想到这样命名课堂，源于2011年山东省青年骨干教师展示会，当时要求展示的教师上课并介绍自己的教学风格，我第一次提出“创造阳光般的课堂”这一说法，这算是活力课堂的雏形。2014年，我开始做课堂模式变革研究，致力于改变教师的教学方式和学生的学习方式，变传统的教师教为学生独学、互学以及师生共学。经过几年的教学实践，积累了一些教学经验后，我参与了区教学成果评选活动并获得一等奖。2019年，成功申报青岛市教育科学“十三五”规划课题“构建‘四环四学’活力课堂的实践研究”，第一次正式提出“活力课堂”。该课题从课堂教学的本质出发，以学生为本，以调动学生的学习积极性和课堂的生命活力为根本目标，经过三年的实践探索研究，顺利结题，并积累了丰富的研究资料。在前期研究的基础上，2019年我入选“齐鲁名师”后，在导师指导下将活力课堂的研究引向深入，指向思维进阶，更贴近数学学科本质的研究。

那么，如何描述活力课堂？简单地说，有两个关键词——有趣、有料。

有趣，对于小学数学来说尤为重要。怎样做到“有趣”？从学习内容上说，低年级可以引入游戏教学、故事教学，中高年级可以借助教学问题的设计来达到“有趣”的目的。从学习方式上说，课程整合也为数学课堂打开了“有趣之门”。一旦将枯燥的数学知识融入科学实验、绘画、音乐等教学活动中，趣味大增。根据多年的教学经验，我还领悟到了“有趣”的通用路径——教学语言的魅力。诙谐幽默的语言可以让枯燥高深的理论知识变得妙趣横生，带动学生的思维积极运转。我想，一位优秀的教师首先应该是一位语言大师，会用精彩的语言牢牢吸引学生；还应该是一位充满激情的教师，可用自己的激情感染学生，带动学生全身心地投入课堂。可见，会讲、激情饱满，课堂就会增趣很多！

有料，指向教师的教学设计。怎样才算“有料”呢？一是要能引领学生深度学习，思维深度碰撞。二是教学效果要关注学生综合素养的提升。那么，深度学习如何发生？可以从学生学习方式的转变开始，也可以从教师教学理念的转变开始。只会知识搬运的教师一定是会被淘汰的。教师要反思什么样的课堂才是高效课堂？单纯传授知识、训练知识、检测成绩等，这算是高效课堂吗？我想，高效课堂不等于检测成绩，如果学生没有独立的思考力、创造力，没有独具的学习力，没有与人合作的能力，没有勇于质疑的能力，这样的学习太可怕了！如果能做到知识与能力齐发展固然最好，但不顾能力发展，片面追求高成绩，显然不可取。我们的教学要帮助学生提高学习的能力，发展他们的综合素养。

学习能力的培养要从学习方式开始。课堂上老师越处于主导地位，教学空间越结构化和受控，多样化的教学资源越少，学生学习的机会越少。所以，学生是学习的主体，课堂上教师要多给他们一些时间和空间，大胆放手，相信学生的能力，欣赏学生的表现，尊重学生的选择，鼓励学生自主探索，引领学生进行深度学习。学生一旦处于一种安全、轻松的课堂氛围中，大脑便会积极运转，产生碰撞的火花，教师便可引领他们深度思考，教学效果不言而喻。学生在自主学习状态下，发展的不仅仅是获取知识的学习能力，还有与人交往的能力、语言表达的能力、正确评价他人的能力等，继而综合素养得到提升。

总的来说，活力课堂包含三方面的含义：一是教师的教学活力，二是学生的学习活力，三是课堂的生成活力。教师的教学活力指向教师对教学的预设和生成的处理，学生的学习活力指向学生主动学习的能力，课堂的生成活力指向师生、生生的思维碰撞。有活力的课堂一定是以学生为主体、学生个性得到培养与发展的课堂，是思维能力、创造能力得到最大限度提高的课堂，也是有利于学生综合素质全面提高的课堂。

指向思维进阶的小学数学活力课堂的构建研究，改变了“教师讲、学生听”的传统教学模式，实现了教师教学方式和学生学习方式的转变，可引导学生用数学的眼光观察现实世界、用数学的思维思考现实世界、用数学的语言表达现实世界。因此，教师要关注学生如何思考，教会学生正确的思维路径，从而实现让学生在充满活力的课堂上高效地学，促进课堂教学质量的提升和学生素质的全面和谐发展。

活力课堂的构建实施

《义务教育数学课程标准（2022年版）》在“课程目标”中指出，数学课程要培养的学生核心素养，主要包括以下三个方面：会用数学的眼光观察现实世界，会用数学的思维思考现实世界，会用数学的语言表达现实世界。这一要求给我们的教学启示是：数学与生活是密切相连的，不能脱离实际学习数学，应该在真实情境中发现问题、提出问题、分析问题、解决问题；数学是一门讲道理的学科，不能只会解题不会讲原理，要激发学生的好奇心和求知欲，让其了解数学的价值，欣赏数学的美；数学的核心是发展思维，不是死记硬背、机械套用公式，要培养学生养成良好的数学学习习惯，形成质疑问难、自我反思和勇于探索的科学精神。

对照数学课程标准的要求，小学三个学段的大致分工是：低年级养习惯，主要培养数学眼光；中年级启思维，开始用数学思维思考现实世界；高年级育素养，主要是“四基四能”的形成等。当然这是每个学段的培养重点，不是绝对割裂的，而是每个学段要相辅相成、融为一体、共同发展。

在活力课堂的构建实践中，以新课标的目标要求为基准，围绕小学阶段不同学段的目标任务，主要开展了以下几方面的工作。

一、习惯养成为先

好习惯，益终身。无论什么样的改革，都必须在继承的基础上创新。教学改革的基础就是学生良好的学习习惯的养成。所以，教师要重视学生良好学习习惯的养成，把它作为教学的首要任务，舍得花时间训练，用耐心坚持培育。每接收一个新班级，作为班主任的第一要务就是抓习惯，坚持不懈。实践证明，学生一旦养成良好的学习习惯，学生的学习之路、教师的教学之路便会越走越顺畅、越来越省劲，教学效果不言而喻。数学学习习惯有很多，如听讲习惯、书写习惯、作业习惯等，一定要从低年级开始培养，从细节上严格要求，让习惯养成成为每天的必修课。

（1）听讲习惯。作为学生，听讲习惯应该是第一位的。很多学生学习上出现困难，就是从不会听讲开始的，表现为上课做小动作、思想开小差、注意力不集中、只会听讲不会思考和表达等。所以，听讲习惯应该包括两个方面：一是认真听讲（这是最重要的一个学习习惯，课堂首先要教会学生倾听），二是积极思考（思考是学习数学很重要的一个习惯，不会思考就不会学习）。具体来说，总结为课堂“六会”。

会准备。课前，要把学习用具准备好，诸如铅笔盒、课本、练习本、直尺、彩笔等，并且要在课桌上摆放整齐，不要等到用什么才开始找什么，那样既浪费时间又影响课堂纪律。

会倾听。要能够认真听老师讲课，更要会倾听同学的发言。有问题先举手，得到允许再发言；别人发言时认真听，懂得尊重别人，并能对他人的发言作出简短评价，表达自己的观点。

会表达。能对老师出示的图片、教具进行观察，并能用通顺的语言表达自己的所思、所想，学会对别人没有说完或说得不完整的话进行补充，并能有理有据地评价别人。

会思考。遇到问题先自己动脑思考，会正确表达自己的想法，对不懂的地方能向老师或同学请教，对题目的思考不局限于一种方法，敢于尝试一题多解。

会实践。在操作学具时能将学具盒的收放、学具的整理等工作在短时间内做好，不拿学具当玩具，不在其他的上课时间内玩学具。

会合作。能和周围的同学合作、讨论、商量，会在小组讨论中有次序地发言。

“六会”是相互关联的，课堂中培养听讲习惯需要教师眼观六路、耳听八方，随时掌握学生的听讲状态，并及时提醒，不让一个学生游离在课堂之外；同时要给学生充分的独立思考、合作交流的机会，调动学生学习的积极性，在自主的学习活动中，培养良好的学习习惯。

（2）书写习惯。规范书写、写一手好字，不仅有益于成绩的提高，更能陶冶情操，发展审美能力，提高文化修养，培养核心素养，成为学生终身受益的必备品格和关键能力。在实际教学中，不难发现，数学教师对书写的要求一般低于语文教师，往往着眼于能把题做对就行，忽略了书写的规范性、整洁性等，以至于有些学生没有养成好的书写习惯，经常因为数字书写不规范而看错数、算错题，悔之晚矣。作为一名数学教师，我对书写的要求不亚于语文教师，我经常对学生说：“字如其人。写一手漂亮的规范字，就是你的名片。”所以，我对数学作业的基本要求是：数字规范，书写整洁。

那么，如何帮助学生养成好的书写习惯？首先要做到书写认真、规范，作业整齐、干净。特别是初学写数字时，一定要求到位，为以后学习打好基础。（高年级很多孩子由于书写不规范导致自己看错数、做错题丢分，很可惜，而且这种坏习惯很难纠正。）关于作业的干净、整齐，教师和家长要配合好，课堂和课后一起抓，注重反馈，树立榜样，坚持训练。其次让学生养成一次性写好的习惯，尽量少涂改，即想好再下笔，不要随意书写，同时这也是思维严谨性的训练。另外，在培养习惯的初始阶段，大家都要有耐心，书写一遍不行写两遍，直到养成良好的书写习惯。

（3）作业习惯。在数学习惯的养成中，作业习惯也是一个不容忽视的重要习惯。学生学习效果能不能得到保证，作业是很重要的一环。有的学生课堂听讲效果好，课后作业不能认真完成，学习效果就会大打折扣。对作业的基本要求：一是按时完成，保证质量；二是有错必纠，认真分析。具体来说，对学生的要求：在规定时间内按时完成作业，不拖拉；专心做作业，不能三心二意；书写规范，正确率高；作业本保持整洁，不乱涂乱画；做错的作业要及时订正，弄清错因，注意整理错题。

作业习惯的养成，不可或缺的就是家长的配合。小学生由于年龄小，自制力弱，需要家长的监督和指导，所以要做好与家长的沟通工作。对家长的要求：要用心，多观察，勤提醒，及时纠正。低年级是培养习惯阶段，建议有条件的家长陪做作业，这里不是要求家长参与包办或者代替，而是在陪做的过程中，关注孩子的书写姿势、认真程度等，等一段时间之后，孩子逐步养成良好的作业习惯，家长就可以放手了。这是一个必需的阶段，家长辛苦一段时间是为了孩子获得受益终身的好习惯，正所谓苦亦乐。

作业习惯的第二个要求是错题纠正，这是个需要重视的问题。一是对待错题要有正确的态度。只有认识到纠正错题的重要性，才能认真对待，而不是敷衍了事。拿到错题，要先分析错在哪里，发现错误后再改正，认真改错后才会有真收获。所以，错题纠正是一个很重要的学习习惯。为了检验学生是否正确对待改错、是否认真分析后再改错，可以让学生书写改错过程，特别是填空题、判断题和选择题，写出答案的来龙去脉，分析错误的原因，而不只是简单订正一个答案。二是对于错题的整理也需要培养一个好习惯。可在高年级每周布置一次错题整理任务，写清错题原因，做到举一反三，每次不求数量多，但求整理有效。如果学生养成整理错题的好习惯，以后的学习会很受益。

二、计算能力为本

新课标提出了“四基”（基础知识、基本技能、基本思想和基本活动经验），这四个方面是相辅相成的。其中，基础知识是一切的基础，任何创新都离不开知识的积淀，无论怎样改革都不能忽视基础知识。那么，数学学习的基础是什么？毫无疑问，是计算。小学生计算的正确率常受到学生的兴趣、态度、意志、习惯等因素的影响。在做计算题时，学生常有轻视的态度，一些计算题并不是不会做，而是由于注意力不够集中、抄错题、看错数、运算粗心或者不验算。那么，怎样提高学生的计算能力呢？

（1）培养学生良好的学习态度和计算习惯。良好的计算习惯，直接影响学生计算能力的形成和提高。大量事实说明，缺乏认真的学习态度和良好的学习习惯，是学生在计算上出现错误的重要原因之一。因此，培养良好的学习习惯就显得尤为重要。首先，在解题前一定要先审题，观察一下题目特点，有没有简便的方法；其次，要利用有关法则、定律进行计算，并注意运算顺序；最后，还要仔细检查，看有无错抄、漏抄、算错等。另外，对于直接写得数类型的题目，要用好草稿纸，特别是口算能力差的学生。

（2）激发学生计算的兴趣。兴趣是最好的老师，是学习的内生动力，也是学习的基础。对于小学生，比起好玩的游戏、卡通漫画和好看的电视节目来说，数学真是太枯燥了。那么怎样才能让小学生学好它呢？可以在教学中渗透数学游戏、数学竞赛，以激发学生的兴趣。也可以适时地列举中外数学名家的典型事例，或以学生喜闻乐见的小故事来营造课堂气氛，吸引学生的注意力，使学生可以集中精力进行计算，提高课堂学习效果。

（3）加强口算训练。口算既是笔算、估算和简便计算的基础，也是计算能力的重要组成部分，对培养学生的计算能力和发展学生的思维能力都起着十分重要的作用。低年级是学生学习口算方法、掌握口算技巧的重要阶段，对后面的学习起着至关重要的作用。所以，对于20以内加减法口算，需要扎扎实实掌握好，既要有速度，还要保证正确率。每天少量的口算练习应该成为常态，基础知识牢固了，就会形成一定的技能，经验的积累才会成为创新的种子。

（4）持之以恒，多种形式练习。计算水平的提高不可能一蹴而就，因此加强平时的训练是十分有必要的。一是设定目标堂堂练。每节数学课，老师根据教学内容和学生实际情况，选择适当的时间，安排3—5分钟进行计算练习。学生每人准备一个口算本，这样长期进行，持之以恒，定能收到良好的练习效果。二是变换形式多种练。从学生层面，同学们可以互相出题算，或一个同学出题几个同学算；从教师层面，可以设计多样化的计算练习，如视算训练、听算训练、抢答口算、对抗赛、接力赛等。

当然，在计算训练中，不能一味追求“量”，而忽略“质”。如何有质量地练习计算，教师应该及时思考。其实每类知识在进行巩固练习时都应该是学与思并行，正所谓“学而不思则罔”。计算练习，也要适时总结、反思，找找计算的窍门，悟悟出错的原因，小结一下计算的方法等，让计算不再单调乏味，而是有据可循、有法可依。如此一来，学生进行计算的兴趣、计算的能力才会得到提升。

三、思维训练为重

数学的本质就是促进学生思维的发展，所以数学学习中非常需要知道“为什么”要这样解决，而不仅仅知道“是什么”。“是什么”在小学阶段比较简单，很容易获得结论，比如与生活联系密切的人民币的认识、认识钟表、认识简单图形、简单计算等，很多知识不需要课上花太多时间讲解，在生活中学生就已经接触并学会了。另外，有些孩子早已提前学习了这些简单的知识，单纯解题没有多大困难。这就对教师的教学提出了新的要求：数学学习到底学什么？显然，单纯知识点的教学没有多大意义，对学习超前的孩子来说更没有吸引力，而这正好为课堂探究学习带来了便利，为知识的追本溯源提供了充足的时间，可以让孩子不仅知其然，更知其所以然。因此，当让孩子自主探究一个知识点的形成过程时，再简单的问题也都有探究价值。

《义务教育数学课程标准（2022年版）》在“课程目标”中指出：“在义务教育阶段，数学思维主要表现为：运算能力、推理意识或推理能力。”具体表现为以下四点：

（1）经历独立的数学思维过程，理解数学基本概念和法则的发生与发展，数学基本概念之间、数学与现实世界之间的联系。

（2）能够合乎逻辑地解释或论证数学的基本方法与结论，分析、解决简单的数学问题和实际问题。

（3）能够探究自然现象或现实情境所蕴含的数学规律，经历数学“再发现”的过程。

（4）发展质疑问难的批判性思维，形成实事求是的科学态度，初步养成讲道理、有条理的思维品质，逐步形成理性精神。

围绕这样的理念，整合之前的研究基础，我申报了课题“指向思维进阶的小学数学活力课堂的实践研究”。该课题聚焦于活力课堂如何实现思维进阶，关注学生如何思考，教会学生正确的思维路径，从而实现让学生在充满活力的课堂上高效地学，促进课堂教学质量的提升和学生素质的全面和谐发展。

在打造“指向思维进阶的小学数学活力课堂”时，具体做法有以下三点：

（一）教师层面：制定单元整体进阶设计的研究路径

对指向思维进阶的小学数学活力课堂构建的设计，要有符合学生认知发展水平的设计路线。只有紧密围绕这条设计路线进行思维进阶水平的确立，才能更好地应用于教学实践。

数学是一门系统性很强的学科，知识之间是紧密联系的，但分课时教学在很大程度上割裂了知识的整体性。学习不是习得一个个孤立的知识点，而是建立众多知识之间的联系。因此，思维进阶视角下教师不能止步于单个知识点的传授，而应立足核心概念的引领，将知识点放在与其他知识所形成的网络中，逐步探析知识本质，形成完整的、系统的概念，最终实现学生认知结构的整体建构。

教师要对相关知识进行深层的分析与组织，将知识放在知识网络中，引导学生理解知识横向和纵向之间的联系，从而掌握更加完整、系统的知识体系。这就要求学生在学习和探究某一知识时，对该知识的认识和思考要不断地深入、细致和完整。尤其重视学生对新知识的整体建构和深层建构，融会贯通，追本溯源，逐步实现知识层级的跨越，最终获得认知水平和思维发展的双重提升。基于此，在教学时，教师要立足单元整体进行教学设计，从教学目标的进阶分析、教材内容的进阶分析、教学活动的进阶设计、实现思维进阶的策略分析等几个大方面进行宏观思考，撰写教学研究设计。

下面以青岛版小学数学教材六三制三年级上册《两位数乘一位数》的单元教学设计为例进行说明。

《两位数乘一位数》单元教学进阶设计

一、教学目标的进阶分析

（一）数学课程标准要求

《两位数乘一位数》属于“数与运算”的内容。《义务教育数学课程标准（2022年版）》在第二学段课程内容中，对“数与运算”的“内容要求”有：探索并掌握多位数的乘除法，感悟从未知到已知的转化。“学业要求”有：能计算两位数乘除三位数；能运用运算律进行简便运算，解决相关的简单实际问题，形成运算能力。“教学提示”有：数的运算教学应利用整数的乘法运算，理解算理和算法之间的关系；感悟如何将未知转为已知，形成初步的推理意识。

（二）单元教学目标要求

1.结合具体情境，进一步理解乘法的意义；掌握整十数乘一位数的口算方法并能正确地口算；能正确笔算两位数乘一位数；学会分步解决“求比一个数的几倍多（少）几的数是多少”问题的方法。

2.经历探索整十数乘一位数的口算和两位数乘一位数的笔算过程，明确算理，掌握算法，提高运算能力。在分步解决“求比一个数的几倍多（少）几的数是多少”问题的过程中，学习画线段图分析数量关系的解题策略，提高解决问题的能力。

3.能主动参与和同学共同探索算理、算法的过程，学会与他人交流，并能利用所学的知识提出并解决简单的实际问题，感受数学与生活的联系，体验学数学、用数学的乐趣。

（三）课时目标要求

《两位数乘一位数的口算》课时目标：

1.经历探索两位数乘一位数的计算过程，理解两位数乘一位数的算理，会口算整十数乘一位数，会笔算两位数乘一位数（不进位）的乘法。

2.在自主探索和合作交流的过程中，培养初步的迁移类推能力和解决简单实际问题的能力。

3.在口算、笔算的过程中，进一步养成细心读题、认真计算的习惯，进一步体会验算的价值。

《两位数乘一位数（不进位）的笔算》课时目标：

1.通过具体情境理解并体会两位数乘一位数（不进位）的意义，探索并掌握两位数乘一位数（不进位）的笔算方法，感受、理解笔算的算理，能正确地进行计算。

2.结合学具操作，经历笔算方法的探究过程，培养提出问题、解决问题的意识和能力，提高有条理、有逻辑的思维习惯和表达能力，学会欣赏数学的简洁美。

3.能积极参与问题探索活动，学会表达自己的见解，倾听同学的意见，体会合作的快乐，感受计算与生活的联系。

《两位数乘一位数（进位）的笔算》课时目标：

1.结合具体情境，进一步理解两位数乘一位数的意义，并能正确笔算像29×2这样的两位数乘一位数的进位乘法。

2.经历探索两位数乘一位数计算方法的过程，主动寻求合理简捷的运算途径解决问题，初步形成独立思考和探索意识，发展运算能力。

3.能虚心听取他人意见，敢于发表自己的见解，克服在数学活动中遇到的困难，获得成功的体验，增强学好数学的信心。

《求比一个数的几倍多（少）几的数是多少》课时目标：

1.结合具体情境，进一步理解乘法的意义，学会分步解决"求比一个数的几倍多（少）几的数是多少"问题的方法。

2.在分步解决"求比一个数的几倍多（少）几的数是多少"问题的过程中，学习画线段图分析数量关系的解题策略，提高解决问题的能力，形成全面分析问题的意识。

3.在解决问题的过程中，初步学会分析问题的方法，体验解决问题的多样化。

二、教材内容的进阶分析

本单元主要内容包括口算乘法、笔算乘法和应用乘法解决问题三个部分（如图）。

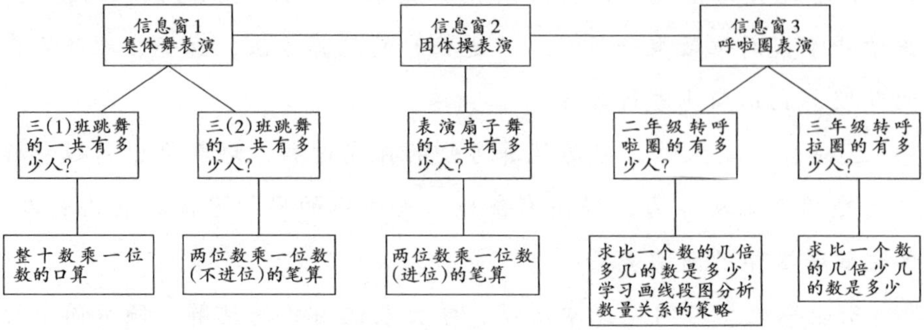

信息窗1是学生经历探索两位数乘一位数的计算过程，理解并体会两位数乘一位数（不进位）的意义，探索并掌握两位数乘一位数（不进位）的笔算方法，感受、理解笔算的算理。信息窗2结合具体情境，进一步理解两位数乘一位数的意义，将两位数乘一位数（不进位）笔算的算理迁移到两位数乘一位数的进位乘法。信息窗3结合具体情境，创新并应用画线段图分析数量关系的策略，分步解决“求比一个数的几倍多（少）几的数是多少”的问题。信息窗1主要是借助直观操作，运用知识迁移，理解口算算理，然后借助口算乘法的计算经验，促进思维可视化，初步构建不进位乘法笔算模型。信息窗2借助不进位乘法的计算经验，以旧引新，自主构建进位乘法笔算模型，在新旧知识的接轨中体验其中的乐趣，体验转化思想给数学思维带来的快乐。信息窗3综合应用所学乘法、加减法的计算经验，渗透解决问题的策略，实现思维向创新应用层面的进阶。

三、教学活动的进阶设计

进阶障碍：对“两位数乘一位数”的教学内容，应明确学生在学习中存在的“阶”，这些“阶”是学生在“两位数乘一位数”学习中存在的困难点，也是学习中的“坎”。

1.用两位数做因数的难点在于两部分积的对位问题。多位数乘法的基础是乘法和加法两步计算，特别是乘过以后既有加法，又要进位，学生比较难掌握，因为它既要熟练掌握乘法口诀，又要熟练掌握加法口诀，思维过程比较复杂。

2. 过分追求形式化、程序化的训练，就会逐渐忽视计算中逻辑思维的成分。教师要增加计算过程中的思维含量，让学生在计算过程中进行思考，把计算教学的研究重点定位于计算与思考的统一。

3. 两位数乘一位数的笔算方法本质上是对乘法分配律的应用，但根据学生的已有基础，不可能从乘法分配律中推演出两位数乘一位数的笔算方法。当教师引导学生讲述出竖式计算过程后，提问“为什么要这样算？”“为什么一定要从低位到高位计算？”“进位数字如何处理？”学生所学的两位数竖式计算加减法只有相同数位上的数才可以相加减，此时对两位数乘一位数的理解产生了负迁移（个位上的数和十位上的数相乘）。

为了实现思维目标的进阶，本单元设计了以下几个层次的活动：

进阶活动一：借助直观操作，运用知识迁移，理解口算算理。

在“整十数乘一位数的口算”教学中，学生根据提出的问题列出算式后自主探索（可以借助小棒等）“20×2”的计算结果。

层次一：引导学生借助学具，通过动手操作，发现2捆小棒共20根，摆这样的2份就是2个20相加，一共是40根小棒。

层次二：根据乘法的意义转化成加法进行计算，20×2表示2个20相加，即20+20=40。

层次三：根据数的意义把20看作2个十，2个十乘2得4个十，4个十是40。

小组交流后，引导学生对不同方法进行比较，增强对口算算理的理解，掌握口算方法。

进阶活动二：借助口算乘法的计算经验，促进思维可视化，初步构建不进位乘法笔算模型。

在“两位数乘一位数（不进位）”教学中，学生根据提出的问题列出算式“12×3”后进行计算。

层次一：借助学具，通过动手操作，发现每份12个小方块（左边摆10块，右边摆2块），摆这样的3份，一共是36块，突出计算原理，为理解接下来的竖式计算过程做铺垫与准备。

层次二：根据已有的计算经验将算式中的一个因数分解，即将12分成10和2，得到10×3=30，2×3=6，30+6=36。

层次三：用竖式计算，指导学生积极思考，主动探索竖式的形成过程和简化为一般竖式的过程。

教学中部分学生能直接口算出12×3的结果，引导学生借助小方块对结果进行探究验证，并结合摆的过程将口算过程表达出来。在学生独立思考列出竖式后，引导学生将竖式的生成过程与摆小方块及口算过程相结合，在理解算理、掌握算法的基础上进一步完善竖式，有效地将口算过程与笔算方法紧密结合，实现对笔算乘法的建构。

进阶活动三：借助不进位乘法的计算经验，以旧引新，自主构建进位乘法笔算模型。

在“两位数乘一位数（进位）”教学中，先让学生根据提出的问题列出算式“29×2”，再鼓励学生根据信息窗1的笔算经验尝试利用竖式笔算。

层次一：借助摆小棒的方法算出结果，动态呈现摆小棒的方法，直观感受算理，为算法的形成奠定基础。

层次二：通过几何直观、合作交流等手段，形成两位数乘一位数（进位）乘法竖式，理解竖式“29×2”每一步的意义，并引导学生简化竖式。在简化的过程中重点探讨“积的十位上为什么是5”，规范竖式的书写格式，感受知识与知识之间变化规律的魅力，在新旧知识的接轨中体验其中的乐趣，体验转化思想给数学思维带来的快乐。

进阶活动四：综合应用所学乘法、加减法的计算经验，渗透解决问题的策略，实现思维向创新应用层面的进阶。

在“求比一个数的几倍多（少）几的数是多少”教学中，引导学生借助线段图分析数量关系，渗透解决问题的策略，分步列式解答。

层次一：引导学生用线段图表述题意，先让学生自主尝试画线段图，提供动手操作机会，组织小组合作交流线段图的长短比例、上下位置、条件与问题的标注方式等，再指导学生用线段图正确表达题意。

层次二：引导学生会看线段图分析数量关系，让学生自上而下读图，从条件入手，用综合法分析数量关系，或自下而上读图，从问题入手，用分析法分析数量关系。学生内化分析过程，在理解的基础上进行列式计算。

层次三：回顾反思解决问题的全过程，画线段图整理信息和问题→分析数量关系→列式解答，形成解决问题的一般思路和策略，积累数学活动经验。

四、实现思维进阶的策略分析

“两位数乘一位数”的教学策略着力于撬动学生的高阶思维而设“阶”。

1.创设与学生生活背景、知识基础密切相关的情境，引导学生在现实情境中学习数学知识。教学中灵活运用教材提供的素材，创设和学生实际贴近的情境，激发学生的学习欲望。可以先引导学生回忆自己大课间的情境，再让学生谈一谈大课间的感受，从实际体验中激发学生的学习兴趣，初步感受生活中的数学。运用课件将教材提供的信息窗呈现给学生，让学生观察信息窗，从信息窗里获取数学信息，并提出有价值的数学问题，然后引导学生解决数学问题。

2.借助操作，数形结合，理解算理，掌握算法。借助直观操作，通过多元表征间的转换，帮助学生理解算理、掌握算法。如教学“两位数乘一位数：12×3”时，教师让学生一边操作小棒，一边叙述过程。结合摆出的小棒，引导学生指出每一步计算的是哪一个部分，再引导学生按“整捆小棒”和“单根小棒”观察，突出算理，接着引导学生用竖式记录每一步的操作过程。在计算“两位数乘一位数（进位）：29×2”时，教师适时提问“单根的小棒有18根怎么办”，“为什么一共有5捆小棒”，在写出简化的竖式后，再让学生结合小棒说一说积的每一位上的数表示的含义，进一步理解进位法则。

3.找准新旧知识间的联系，多采用对比的方式促进知识的迁移和类推。借助口算，教学笔算。充分利用学生在口算乘法中积累的数学活动经验，自主探索两位数乘一位数笔算乘法竖式的写法，让学生明确口算和笔算的算理是一样的，只是形式不同。

学生通过操作理解了两位数乘一位数（不进位）的算理后，尝试借助前面笔算乘法学习中积累的数学活动经验计算两位数乘一位数（进位），进行自主学习。这样用原有知识推动新知识的学习，不仅可以取得事半功倍的教学效果，还能调动学生学习的积极性，让他们学会如何探究，形成迁移类推的思想和方法。

4.在解决实际问题过程中，学习利用画线段图分析数量关系，获得解决问题的经验，渗透解决问题的策略。

首先，鼓励学生用不同的方法呈现数学信息。在对比交流中，体会画图表征数量关系的方法简单明了，鼓励学生尝试用画图表征数量关系的方法进行数学信息的分析。教学信息窗3时，在学生自主动手画图分析的基础上，对比可让学生感受线段图比直观图更加清晰、简洁，从而引导学生学会用线段图的方法分析问题。

其次，加强线段图画图方法的指导和读图能力的培养。不必要求学生画出非常规范的线段图，但要注意比例适当；学生要能看着线段图，说一说自己发现了哪些信息（数据和数量关系），提高借助线段图分析数量关系的能力。

（二）学生层面：精心设计学习研究单，助力学生思维进阶

思维能力的训练需要教师从“知识本位”的观念中解放出来，要让学生去思考，并且会思考。教师必须舍得放手，而不是一直扶着学生。“一问一答”的引导方式不能促进学生思维的发展，只会使学生的思维产生依赖性。如果我们把整个任务都交给学生，让学生自己去发现、去分析，即使分析错了，至少他们经历了独立思考的过程。而且，这个过程激发了他们的学习兴趣，促进了他们积极思考，发展了他们的数学思维。

为教之道在于导，为学之道在于悟！“导”是在教学设计上以“核心问题”为引领，以“情境＋问题串”为主线贯穿课堂始终；“悟”则是思考与领会。于教师的课堂教学而言，较好地确定核心问题有利于教师把握教学重点，突破教学难点；于学生的知识建构而言，核心问题起着“导”的作用，有利于学生立足核心问题展开自主探究。

基于此认识，在课题研究中着力做了设计“学习研究单”这一工作。主要是围绕教学的核心问题，提炼本节课的重点、关键点并设计成问题，引领学生思考，呈现个体学习的成果，放大独立思考在学习中的作用，为生生、师生互动共学做好充分准备，让合作学习有实效、更高效。学习研究单作为思考的一个载体，有利于学生的数学思维逐步实现进阶。

根据教学内容和教学实际，学习研究单既可以用于课前，作为前置性作业使用，也可以设计成课上探究使用，形式和内容都不固化。基于此，我们确立了学习研究单设计的四个策略：

第一，要在尊重学生已有知识的基础上，对新课的内容进行充分挖掘，重组学生对这一新知识的认知结构。基于此，我们的研究单应尽量简单（是指内容的呈现）或者以复习相关学过的知识为切入点，

少一些引领、提示，让学生在研究中对知识产生新的认识，唯有这样才能体现研究的意义和价值。研究单要避免变成练习单，其设计应该做减法，就是提炼本节课的重点、关键点设计成问题，让学生充分独立思考。学生在自主探究过程中，难免会把错误的想法表现出来，此时老师要利用这些不同的观点，引发学生互动，在生生、师生的对话交流中去伪存真，实现知识的进一步升华。

第二，根据数学学习内容领域的不同，在设计研究单时也会有不同的侧重。小学数学主要有数与代数、空间与图形、统计与概率、实践与应用四个领域。基于此，我们将研究单分成了三种类型。第一种类型是数与代数内容，重在引导学生理解算理、掌握算法。因此在设计研究单时，我们侧重于设计让学生展示个性算法，并能借助画图、语言等方式说明自己的想法，实现算理与算法有机融合，引导学生发现、沟通不同算法之间的联系，从不同之中寻找共同点，把握数学本质。第二种类型是空间与图形内容，主要表现为学生能运用图形形象地描述问题，利用动手操作进行直观思考。研究单的设计侧重于学生的动手操作，老师要相信学生的学习能力，大胆放手让学生探索操作，在观察、实验、猜测、验证、推理与交流等数学活动中，增大对图形知识的思考空间。第三种类型将统计与概率和实践与应用放在一起，意在让学生从数学的角度运用所学知识和方法解决实际问题，探索应用价值。这一部分内容主要是学生学会通过上网查阅资料、查阅书籍，以自主调查研究为主。

第三，根据学习内容的不同，研究单分为课前研究单和课上研究单。对于学生能借助已有知识经验迁移的内容，我们设计课前研究单，旨在调动学生自主学习的积极性，尊重个性差异，给予充分时间，保证独立自学的效果。对于学生认知领域第一次出现的新知识，我们设计课上研究单，放在课堂大环境下学习，旨在突出教师对学习方法的引领，让学生借助有梯度的教学引领，实现个性思考与思维碰撞的高效结合，提高学习效率。

第四，研究单上学习检测的设计要有层次，要面向全体学生。学习检测的内容分为基础练习、变式练习和拓展练习。不同层次的题目能满足不同水平学生的学习需求，实现分层达标。同时，练习的设计也要与生活实际相联系，让学生在解决真实问题的情境中应用数学，提高解决实际问题的能力。

基于以上思考，确定学习研究单包含的基本项目有学习目标、学习建议、学习过程、学习困惑、学习检测等。目前，我们已经开发了三至六年级每部分教学内容的研究单，供老师们上课参考使用，并在使用中不断修改完善。借助学习研究单，教师可以充分放手，让学生自学、交流、操作和探究，在独立思考和思维碰撞中自主建构数学知识，有效实现思维进阶。

当然，学习研究单只是一个学习支架，不是唯一的、必需的，教学中要灵活处理，根据教学实际和学情选择性使用，不能固化。如果教学中带有这样的研究精神，从学生所需开始，并注重启发学生对数学知识的多角度理解和认识，数学思维就会活跃起来。因为数学教学最终教给孩子的是“一种思维方式和精神”。长此以往，即使没有学习研究单的引领，学生掌握了学习的方法，具有了研究的意识，学习兴趣就会大大增强。此时，他们的数学学习过程就是丰富多彩、充满乐趣的。

（三）课堂层面：梳理点拨策略，促进学生思维进阶

学生的思维存在差异性，每一个学生的数学思维都各不相同。在数学教学中，对于思考速度较慢的学生，教师要等一等；对于进入思维误区的学生，教师要引一引；对于思维出现障碍和冲突的学生，教师要扫除学生的思维盲点等。教师在课堂中要审时度势，在关键处给予介入性点拨与引导。

针对课堂不同环节的学习引领，教师的点拨作用主要体现在三方面：

一是在独立思考环节，教师要利用精心设计的学习研究单，激发学生探究的欲望，把握与利用学生的思维起点，以新旧知识的联系作为突破口，搭建思维进阶的桥梁，让学生实现知识的自主迁移和创造。

二是在合作交流环节，教师要注重培养学生良好的思维习惯，在倾听中产生共鸣和质疑，实现真正的思想交换、思维碰撞。同伴互学能够弥补自身认知思维的局限性，在互相交流中，借用问题激发问题，实现思维初步进阶，即记忆—理解—应用。同时，在这个学习环节，教师要及时点拨化解学生的认知冲突，让他们突破思维障碍，实现思维进阶。

三是在回顾梳理环节，教师先引导学生回顾知识产生的过程，让他们把对数学知识、数学思想、数学方法的感性认识转化为理性思维，再通过对本节课教学内容的分析、评价，实现思维的高级进阶。

根据学习内容的特点，教师的点拨策略又有所不同。具体来说有以下三类：

一是点在新知关键处——知识内容的关键处是学生学习、理解、掌握知识的最重要之处，是教材内容的重点、难点。在这些关键处适时进行点拨，有益于重难点问题的突破，使学生对所学知识记忆得更深、理解得更透、掌握得更牢。因此，在新知关键处、学生思维受阻处，教师适时点拨，学生就会知其然，更知其所以然。

案例：青岛版小学数学四年级下册《三角形的认识》

【学习重点分析】

《三角形的认识》一课，学习的重难点是对高的认识。作为平面图形的高是第一次出现，它是后面认识其他图形的高、学习面积和体积计算的基础，同时高的定义又很抽象。基于新课标要求，那么如何将枯燥的知识生活化，沟通知识本质之间的联系，促进学生思维的发展？

【教学片段】理解总结三角形“高”的意义

活动一：初步感知“高”的意义。

谈话：手工小组的同学们还制作了一些风筝。我和风筝比比高，谁高？

谈话：你怎么知道风筝高？你能上来指一指、说一说它的高度吗？

小结：风筝的高度是三角形的高。

活动二：借助已有知识经验，再次感知、理解“高”的意义。

谈话：从三角形的顶点到对边可以画这么多条线段，你觉得哪条是三角形的高？

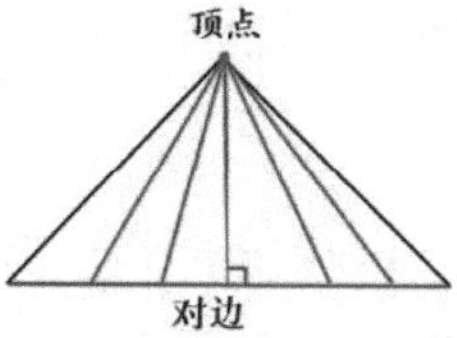

预设：三角形的高是经过顶点到对边的垂线。

小结：对呀，就像我们量身高一样，是从头顶到脚底的垂直距离。

活动三：沟通联系，总结“高”的意义。

谈话：通过刚才找三角形的高，你有没有想到以前学习的什么知识？

谈话：老师给你们准备了一个小魔术。变（隐去2条线段）。你发现了什么？

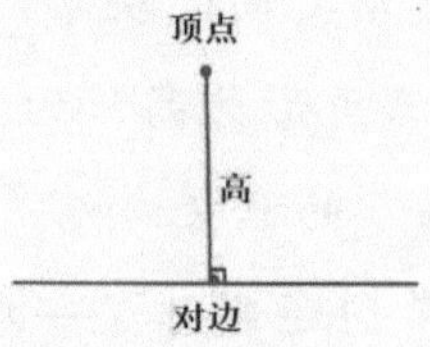

预设：这是我们上学期学过的过直线外一点作已知直线的垂线。

谈话：变（加上2条线段）。你又有什么发现？

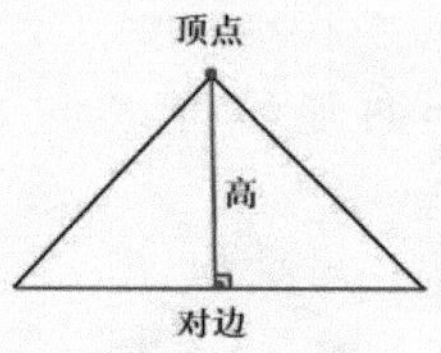

预设：这个点是三角形的顶点，这条线就是三角形的一边，这条垂直线段就是三角形的高。

谈话：现在你能说一说什么是三角形的高吗？

预设：从三角形的顶点到对边的垂直距离就是三角形的高。

小结：从三角形的一个顶点到它的对边作一条垂线，顶点和垂足之间的线段叫作三角形的高，这条对边叫作三角形的底。

【案例分析】

设计和风筝比高的活动，让学生直观发现风筝的高就是三角形的高，借助变魔术巧妙沟通所学知识之间的联系，将之前学过的点到直线的距离迁移到对三角形高的认识中，实现新旧知识之间的联结，找准学生思维的生长点，顺应学生思维展开教学，并进行适时点拨，自然而然地发展了学生思维的迁移能力。在探究过程中，引导学生用数学的思维思考、数学的语言表达，积累数学活动经验，提高抽象思维能力。

二是点在学生疑惑处——在探求知识的发生、发展、形成过程中，学生的思维有时会“拐弯”，有时会“分岔”，有时会“堵塞”，从而感到疑惑不解。这时就需要教师及时点拨引导，设计合适的坡度，架设过渡的桥梁，帮助学生寻找思维的突破口，排除疑难，解决困惑。

案例：青岛版小学数学六年级下册《立体图形体积的整理与复习》

【教学内容分析】

《立体图形体积的整理与复习》是“图形与几何”中的一部分内容，对培养学生的空间观念尤其重要。本节课是一节复习课，如何让复习有深度呢？结合新课标“一致性”和“结构化”的要求，我们在本节课中，一方面通过回顾不同图形体积计算公式的推导过程，明确体积计算的本质都是相同体积单位的累加，体现知识的一致性；另一方面，体会体积计算的一致性，形成结构化的认知。

【教学片段】沟通联系，完善结构

活动一：寻找联系，体会立体图形体积计算的一致性。

谈话：这些体积计算公式之间有怎样的联系？小组交流一下。

预设1：我们先学习了长方体的体积计算公式，然后通过图形转化方法，推导出正方体和圆柱的体积计算公式，最后通过实验法推导出圆锥体的体积计算公式。

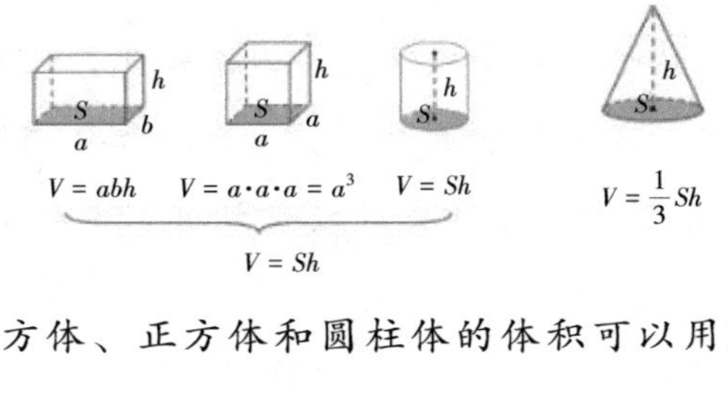

预设2：长方体、正方体和圆柱体的体积可以用同一个体积计算公式，$V = Sh$。

追问：还有什么不同的发现吗？

引导：我们在推导长方体的体积公式时，这个长、宽、高分别表示什么？（长表示一行有几个体积单位，宽表示有几行，高表示有几层。）

追问：求长方体的体积实际上就是求什么？（一共有多少个体积单位。）

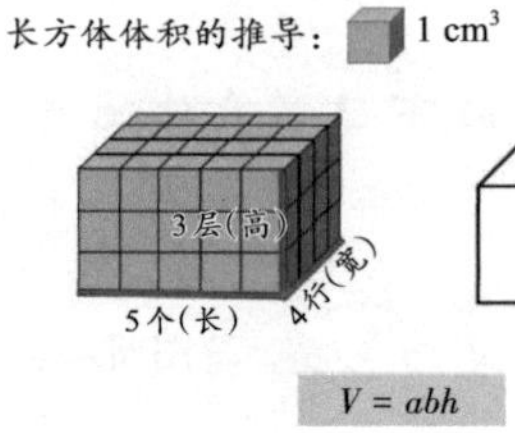

引导：再来看正方体和圆柱体呢？（也是求里面有多少个体积单位。）

追问：为什么？（正方体是特殊的长方体，而圆柱体可以转化为长方体。）

追问：你还有什么新的发现？（都是求这里面有多少个体积单位。）

【案例分析】

从推导过程和体积计算公式两个方面去建立不同立体图形之间的联系，突出“转化”的数学思想，探究出直柱体体积计算公式的本质是求立体图形中有多少个体积单位，是相同体积单位的累加，体会立体图形的体积计算的一致性，形成结构化的认知。

活动二：提炼共性，感受探索几何体体积计算方法的一般策略。

谈话：长方体、正方体和圆柱体，这三个立体图形的形状各不相同，却可以用同一个体积计算公式进行计算，它们之间有什么共同特点？

预设1：它们都是直直的，上下一样粗。

预设2：它们上下两个面完全相同。

预设3：它们的横截面完全相同。

点拨：有没有想过这三个立体图形都可以通过怎样的变换方式来形成呢？

课件演示：长方形、正方形、圆形向上平移一定的距离，扫过的空间分别形成长方体、正方体、圆柱体。

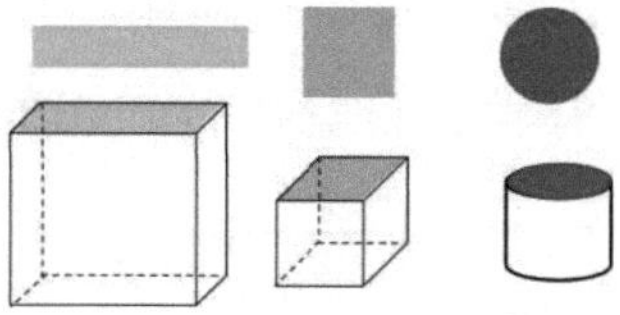

引导：垂直平移的距离是立体图形的什么？（高。）平移的图形是立体图形中的什么？（底。）

追问：圆锥可以通过平移这种变换方式来形成吗？如果把平面图形换成三角形、梯形、五边形、环形，它们在平移过程中扫过的空间又分别是怎样的图形？

学生想象，然后教师用课件演示。

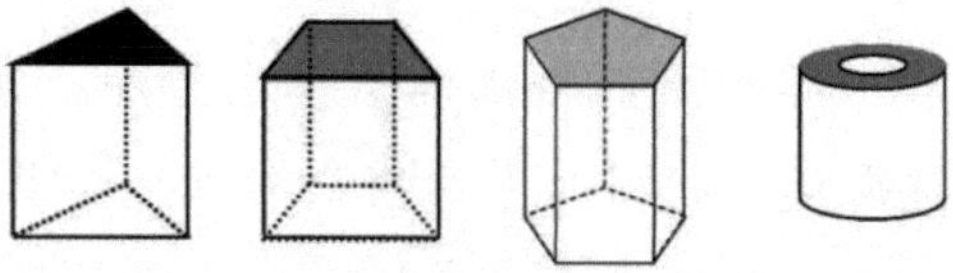

谈话：推想一下，这些立体图形的体积可以怎样计算？并说明理由。（这些立体图形的体积都可以用“底面积×高”来计算。因为这些立体图形和长方体、正方体、圆柱体一样，都是由一个平面图形垂直平移形成的。）

小结：原来知识之间是有联系的，我们要用联系的眼光去看待问题。像这样的立体图形，我们把它们叫作直柱体，它们的体积计算公式可以统一为 $V=Sh$。

【案例分析】

经过小组讨论、交流，提炼出直柱体的共性，它们的体积都可以通过底面积乘高来计算。同时，引导学生进行联想和合情推理，猜测其他直柱体的体积计算方法，感受探索几何体体积计算方法的一般策略。

在此探究过程中，学生的推理意识和空间想象力得到了进一步发展。

三是点在知识沟通联系处——新知识是由旧知识发展而来的，所以应对准它们的衔接处进行点拨，使学生在原有知识的基础之上，通过解答问题自然地进行迁移，从而顺利地展开新课。沟通知识间的联系非常有必要，学生只有学会自觉进行知识的迁移，才能称为会学，思维能力才会得到发展。

案例：青岛版小学数学四年级上册《三位数乘两位数的笔算》

【教学内容分析】

在学习三位数乘两位数之前，学生已经具有一定竖式计算的基础，学过了三位数乘一位数、两位数乘两位数，所以利用迁移类推，学生能自主探究出笔算方法，且能用多种方法进行计算。那么本节课的教学重点、亮点放在哪里呢？先给学生充分独立思考、合作交流的时间和空间，让他们在原有的知识生长点上不知不觉生长出新知识；然后，教师在总结提炼中，引导学生将新知和旧知联系起来，渗透转化思想，发展迁移类推思维能力，感悟并体会数的运算的一致性。

【教学片段】对比联系，体会数的运算的一致性

活动一：理解算理，优化算法。

谈话：同学们想到了这么多的方法计算114×23=2622，观察第一种方法和第二种方法，他们之间有什么相同点？

114×23=2622（元）

方法1	方法2	方法3：列竖式
		114
100×23=2300		× 23
10×23=230	114×3=342	342
4×23=92	114×20=2280	228
2300+230+92=2622	2280+342=2622	2622

点拨：方法1和方法2都是经过了先分后合的过程，把新问题三位数乘两位数变成了学过的三位数乘一位数和三位数乘整十数来解

决，这种方法在数学上叫作转化。

提问：观察方法3，结合竖式，你能发现它和第二种方法有什么联系吗？（第二种方法的计算过程和竖式的计算过程其实是完全一样的。）

追问：这三种方法之间有没有相通的地方？（其实它们的道理是相通的，都是先分后合。）

提问：为什么学习用竖式计算？（竖式计算最简捷。）

活动二：前勾后连，打通本质。

点拨：同学们，大家回想一下，从一年级开始我们都学习了哪些乘法竖式计算？

谈话：过去我们根据求几个相同加数的和得到了乘法口诀，会口算一位数乘一位数的表内乘法，接着我们学习了两位数乘一位数的笔算、三位数乘一位数的笔算、两位数乘两位数的笔算。

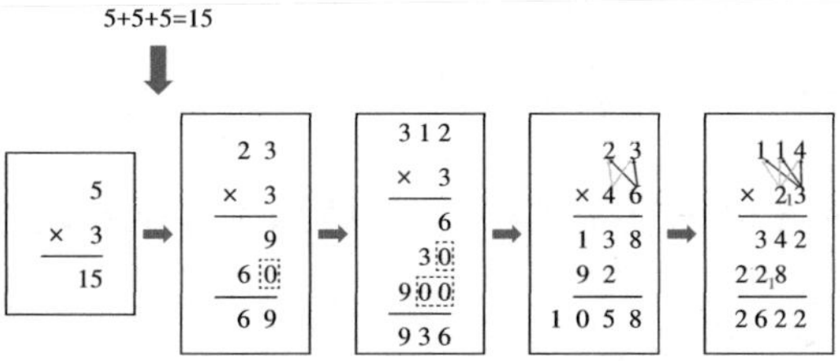

拓展：今天我们学习的是三位数乘两位数。猜猜看，未来还会学习几位数乘几位数？可是，在小学阶段，甚至以后上了初中，都不会再学多位数乘法了，想想这是为什么？

小结：看来无论是几位数乘几位数，笔算方法本质上都是相同的，都是用一个因数每一位上的数分别与另一个因数相乘，再把积相加。它们都经历了先分后合的过程。

拓展：课后挑战

$$\begin{array}{r} 2125 \\ \times\ \ 12 \\ \hline \end{array} \qquad \begin{array}{r} 125 \\ \times\ 212 \\ \hline \end{array}$$

【案例分析】

先发挥学生的主动性，让学生积极思考和参与，借助已有知识经验主动探究，然后教师抓住知识本质进行引领点拨，让学生的思考更深入、理解更深刻。再利用过去、现在、未来打通乘法计算之间的联系，让学生反思悟出：不管是几位数乘几位数，笔算方法本质上都是相同的，从而构建大数学观。

课堂研究

课例1：《20以内进位加法》课堂实录与评析

【教学内容】

《义务教育教科书·数学》（青岛版）一年级上册第七单元信息窗1。

【教学目标】

1. 经历主动探索20以内数的进位加法的计算过程，会用不同的方法口算20以内数的进位加法。

2. 在小组合作学习的过程中，培养主动参与学习活动、与他人交流、听取他人不同意见的能力，感受思维变化的多样化。

3. 在解决问题的过程中，体验数学与生活的密切联系，增强应用数学的意识。

【教具准备】

课件、小棒。

【教学过程】

一、创设情境，激发兴趣

师：小朋友们，你们喜欢参加运动会吗？学校马上要举行运动会了，我们为低年级的小朋友准备了赛跑、跳绳、拍球、扔沙包四项活动，你准备参加哪一项？（出示课件）

生1：我参加赛跑。

生2：我参加拍球。

生3：我参加扔沙包。

生4：我参加跳绳。

……

师：接下来，我们统计一下每个项目有多少名同学报名。我念到哪一项运动，报名的同学就请举手，老师把人数记录下来。（填写课件）

运动项目	赛跑	跳绳	拍球	扔沙包
人数	11人	8人	4人	7人

（根据现场报名情况，11+8不是20以内的典型进位加法算式，所以教师设计了以下环节，适时调整了报名人数。）

师：真对不起，刚才老师忘了告诉大家，赛跑的人数是有限制的，每班只能选9名同学参加，现在多出的2名同学只能去参加别的项目了。老师觉得拍球也挺有趣的，要不2名同学去参加这个项目？（生欣然应允。）

人数调整为：

运动项目	赛跑	跳绳	拍球	扔沙包
人数	9人	8人	6人	7人

二、动脑思考，提出问题

师：根据大家报名的情况，你能提出什么数学问题？同桌相互说说。

生1：参加活动的一共有多少人？

生2：赛跑的和拍球的一共有多少人？

生3：拍球的再添上几个人就跟跳绳的一样多了？

生4：赛跑的原有9人，跑着跑着有2人摔倒了，还有多少人？

……

师：同学们提出了这么多问题，有些问题老师都没有想到，你们真棒。

师：我们先来解决其中一个问题，好吗？比如："赛跑的和拍球的一共有多少人？"

三、动手操作，合作探究

师：谁会解决这个问题？怎样列算式？

生：算式为9+6。

师：还有不同的算式吗？

生：6+9。

师：怎样算出9+6=？呢？请小朋友们开动脑筋，可以在白纸上画一画、算一算，也可以通过摆小棒算一算，算完后在小组里相互说说自己的算法。

学生独立思考，动手操作，然后进行小组交流。

四、全班交流，共同研讨

师：哪个小组来说说你们的算法？

生1：我们是用小棒这样摆的：先分别数出9根小棒、6根小棒，然后从6根小棒的里面拿出1根和9根合起来是10根，再加上剩下的5根就是15根。

师：老师给你当助手，写下你的算法。还有别的算法吗？

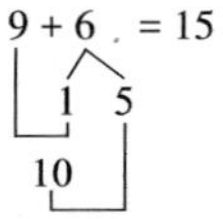

生2：我是用小棒1根1根数的。

生3：我是用小棒2根2根数的。

生4：我是画出来的。我用计数器这样想：先在个位上拨9个珠子，再拨6个珠子，因为满十进一，十位上就拨1个珠子，个位上还有5个珠子，所以9+6=15。

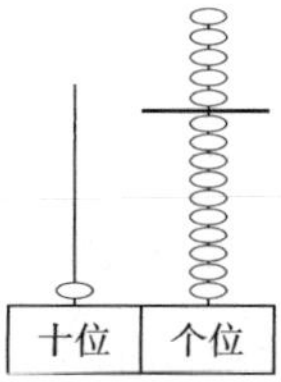

生5：我想10+6=16，9+6少了1，所以9+6=15。

……

师：同学们真厉害，想出了这么多算法！在这些方法里，你喜欢哪一种方法？为什么？

生1：我喜欢第一种，因为先凑成10比较好算。

生2：我喜欢用计数器算，因为我很熟悉这种算法。

生3：我喜欢第五种，先想10加几比较好算。

师：知道老师喜欢哪一种吗？我喜欢第一种，像这样把它们先凑成10再计算的方法，它还有一个名称，叫作“凑十法”。老师觉得用“凑十法”计算很简便。

小结：我们每个人都选择了自己喜欢的方法，以后计算就用自己喜欢的方法，比比看，谁的方法算得又对又快，好不好？

师：会计算6+9了吗？

学生独立计算后交流算法。

师：比较6+9与9+6的结果，你发现了什么？

生答略。

五、课堂小结，点出课题

师：同学们看一看，今天我们学习的加法计算和以前学习的有什么不同？

点出课题：这些加法算式的得数都比10大，需要进位。

师：今天我们学习的就是进位加法。（板书课题：20以内的进位加法）

【教学点评】

计算教学本身是抽象、枯燥的，如何将抽象、枯燥的知识变得饶有趣味，吸引学生的注意力，激发他们的学习兴趣，是低年级教学的重要前提。基于此认识，根据教材提供的情境图，本节从学生生活实际出发设置问题情境，引导学生发现问题、提出问题，并尝试解决问题。在学生独立思考、自主探索的基础上，引导他们交流、评价，从而形成自己的认识。

具体来说，这节课的设计体现了以下几点：

一、从学生生活实际出发，创设问题情境，激发学习兴趣

数学来源于生活。从学生的生活经验和已有的知识出发，将数学活动与他们的生活、学习实际相连，创设生动有趣的问题情境，引导学生观察、思考，让他们从生动、具体的背景材料中去发现、探索与之相关的数学问题，这不仅能够较好地激发学生的学习兴趣和求知欲望，使他们积极主动地参与数学活动，而且能够最大限度地发挥他们的聪明才智和创造潜能。本节课从学校举办运动会出发，让学生自己

选择运动项目报名，然后根据大家的报名情况发现问题、提出问题，从而引出要解决的问题。这样的教学设计贴近学生的生活，让他们感觉到是在学习身边的数学，解决身边的实际问题，学习兴趣自然被调动起来，从而促使他们更加积极主动地投入到问题的研究解决中。

二、放手给学生自主学习的空间，让学生大胆探索

有效的数学学习活动不能单纯地依赖模仿与记忆，动手实践、自主探索与合作交流是学生学习数学的重要方式。教师作为学习活动的组织者、引导者，要为学生创设有利于他们主动求知的学习环境，提供充分从事数学活动和交流的机会，帮助他们在自主探索的过程中体验知识产生的全过程，真正理解和掌握数学知识和技能、数学思想和方法。

在这节课的主体环节，学生提出问题后，教师选出了其中一个问题“赛跑的和拍球的一共有多少人”作为解决的主问题，列出算式后让学生自己想办法算一算，可以用小棒摆一摆，也可以画一画等。在此，教师大胆放手，鼓励学生动脑思考，自主探索，并让其在小组内进行交流，然后适时指导，最后全班反馈交流。这一过程中，教师把学习的主动权真正交给了学生，提供了真正的自主学习时间和空间，让他们在自主探索和交流中获取知识。

三、构建开放课堂，鼓励算法多样化

学生所处的文化环境、家庭背景和自身思维方式均不同，所以数学学习活动应当是一个生动活泼、主动和富有个性的过程。这就要求教师首先要创设开放的课堂，在开放、民主的课堂氛围中，鼓励学生独立思考、大胆提问，并开展合作交流，从中体会解决问题策略的多样化。

这节课在学生独立探索出“9+6=？”的多种算法之后，教师首先

充分肯定学生的几种算法，接着又提出了“你喜欢用哪一种方法？为什么”的问题。这样既保护了学生学习的积极性和创新意识，又把学习的探究活动推向了新的高潮。在这里，教师并没有把成人意识中的最优计算方法“凑十法”直接灌输给学生，而是让学生根据自己的体验，用自己的思维方式感受算法的多样化和最优化，在尊重创造、尊重个性的原则下，提倡学生在共享思维成果的基础上选择自己喜欢的方法。经过这样的过程，学生不仅灵活地掌握了计算方法，而且思维得到了很好的发展。

课例2：《表内乘法总复习》教学设计

【教学内容】

《义务教育教科书·数学》（青岛版）二年级上册第100—101页。

【教学目标】

1.通过复习进一步理解、巩固本学期所学的乘法的意义、表内乘法的其他相关知识，构建乘法间的知识网络，建立乘法知识间的内在联系。

2.通过观察、比较，培养对所学知识进行系统整理的能力，发现问题、分析问题和解决问题的能力；初步渗透整理复习的一般方法，学会自主建构知识网络。

3.能灵活综合地运用所学乘法的相关知识解决生活中的简单实际问题，体会学数学、用数学的乐趣，增强学习数学的信心。

【教学重点】

通过回顾整理，使乘法的相关知识系统化和条理化。

【教学难点】

寻找乘法口诀中的规律，灵活应用乘法口诀解决实际问题。

【教具准备】

教具：多媒体课件。

学具：课前研究单。

【教学过程】

一、回顾新知，梳理成网

谈话：同学们，本学期的新课部分已经结束，这节课我们进行表内乘法的总复习。

1. 师生共同回顾，整理乘法的相关知识。

（1）自主整理，汇报总结。

谈话：课前已让大家回忆学过的乘法知识，并用自己喜欢的方式进行了整理，下面我们一起交流一下。

谈话：我发现很多同学都用了导图的方式，有两位同学的作品特别棒，老师要为她们点赞！我们一起欣赏一下。（图略）

思考：为什么表扬她们？因为她们把学过的知识进行了整理，用词语和短句进行了概括，这可是一项本领。其他同学想不想学习这项本领？

（2）梳理知识，形成知识树。

谈话：首先我们一起来回忆一下学习了乘法的哪些知识？

学生说，教师随机板贴。

谈话：这么多零散知识，为方便记忆，我们可以进行归类，把所有的知识点串成一棵知识树，就构成今天的“乘法总复习”。

课件出示本单元的知识树，让学生整体感知本单元乘法的相关知识。

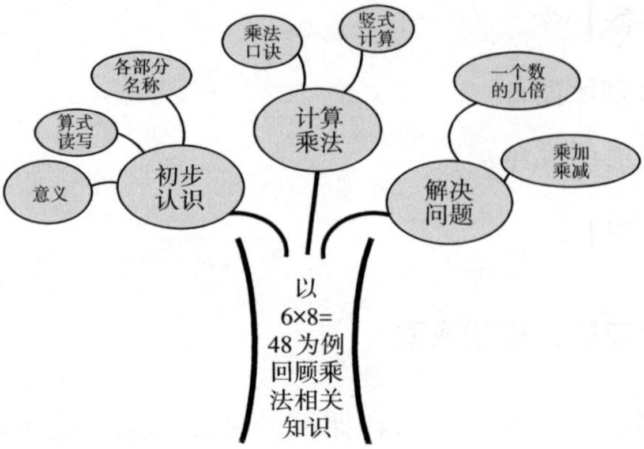

（3）体会整理的好处。

谈话：想一想，这样整理知识有什么好处？

小结：把乘法及其口诀的相关知识以知识树的形式整理出来，知识呈现更加全面、有条理，形式简单、美观，更容易掌握。

（4）找重点复习探究。

谈话：跟乘法有关的这些内容中，大家认为哪一部分是重点？

预设：乘法口诀。

谈话：下面我们将重点复习乘法口诀，并研究其中的一些秘密。

2. 整理补充乘法口诀表，探究其秘密。

（1）进一步探究乘法口诀表中的秘密。

学生先独立思考，然后小组合作探讨乘法口诀中的秘密。

谈话：下面请同学们以小组为单位，结合自己填写的乘法口诀表，讨论其中蕴藏的秘密。（乘法口诀表略）

课件出示：

说一说：你已经发现了乘法口诀表中的哪些秘密？ 圈一圈：得数相同的口诀有哪些？ 探一探：台阶上的口诀，你发现了什么？

小组合作、讨论探究，教师巡视。

（2）小组汇报，全班交流。

小组代表发言，全班反馈交流。

预设：

①发现7的口诀有7句，8的口诀有8句等，是几的口诀就有几句。

②发现得数相同的口诀共有9组，如二九十八与三六十八。

③发现只能口算一道题的口诀有“一一得一”“二二得四”等，共9句。

④发现几个9相乘，得数就比几十少几。

谈话：学到这儿，你们想对乘法口诀表说些什么？

小结：小小的乘法口诀表，蕴藏着大大的智慧！不禁想问，乘法口诀表是从哪里来的？

（3）介绍乘法口诀表的历史演变。

谈话：乘法口诀表在我国两千多年前就有了，当时人们把它刻在“竹木简”上（图略），且从“九九八十一”开始，所以也叫“九九歌”。

［设计意图］课前，让学生尝试整理学过的乘法知识，给足学生自主整理的时间和空间，保证课上可以充分地分享交流，实现真正的以学定教。课上，在整理提纲的引领下再进行小组合作，全班一起回顾，让学生对学过的乘法知识有一个全面的认识。在梳理了乘法知识点的基础上，再探究乘法口诀表，寻找蕴藏规律，这样既全面整理了知识点又突出了重点。

二、分层练习，巩固提高

第一关：基本练习，巩固新知。

判断：对的打“√”，错的打“×”。

(1)(　)×9=54，(　)里应填5。　(　)

(2)两个因数都是5，积是10。　(　)

(3)求几个加数的和用乘法计算比较简单。　(　)

(4)8的9倍是多少？列式：8×9=72　(　)

第二关：综合练习，应用新知。

第三关：拓展练习，发展新知。

［设计意图］对于总复习中的习题设计，教师秉承了在整理的基础上进行分层次、针对性地设计练习题的理念。这就要求教师设计各种练习题目时要能满足不同层次学生的需求，根据题目的难易程度，把练习分为基础练习、综合练习、拓展练习。经过这样三个层次的练习，基础知识扎实掌握，难点知识得以拓展，不同学生的学习能力都得到有效促进。

三、梳理总结，提升认知

谈话：这节课回顾整理了乘法及其口诀的相关知识，你有哪些新的收获和认识？

小结：每学完一部分知识后，都要回头整理复习，把学过的知识归纳总结，形成知识树，装进我们的头脑中。

谈话：分类整理、有序思考都是学习的好方法，希望同学们跟它们交朋友，用好方法，提高学习效果。课后请同学们根据今天的学习修改完善自己的知识树。

［设计意图］在复习课的结尾处，我们要留给学生什么？这是老

师要思考的问题。我们不但要让学生掌握数学知识，更重要的是让学生在学习知识的过程中提升能力。因此，在课的结尾处设计了一个学习方法提升环节，让学生对学习方法有一个新的认识。归纳整理知识的方法，可谓本节课的画龙点睛之笔。

课例3：《表内除法总复习》教学设计

【教学内容】

《义务教育教科书·数学》（青岛版）二年级上册第五、七单元整理复习。

【教学目标】

1. 通过系统地回顾整理除法的相关知识，进一步理解除法的意义及“倍”的意义；体会乘法口诀的价值，培养数感，养成良好的计算习惯。

2. 经历用思维导图整理和复习知识点的全过程，初步学会归纳、整理知识的方法，加深理解知识间的内在联系，初步渗透整理复习的数学思想方法，构建知识网络。

3. 能综合运用除法相关知识解决实际问题，逐步养成回顾、梳理和反思的好习惯。

【教学重点】

通过有序整理和复习，构建知识网络。

【教学难点】

能综合运用所学知识解决实际问题。

【教具准备】

多媒体课件、思维导图等。

【教学过程】

一、创设情境，复习回顾

1.谈话导入。

谈话：同学们，前面我们复习了乘法，除法和乘法是一对好朋友，这节课我们进行除法的复习。

谈话：周末大家对除法的知识进行了整理，我发现很多同学都用了思维导图的方式，我们一起欣赏一下。（图略）

小结：这些同学在整理的时候既注重了知识的全面性，也注重了知识整理的条理性，同时还注重了形式美观，提出表扬！

［设计意图］展示学生的思维导图，可减轻复习课的枯燥、乏味感，激发学生学习的积极性，培养学生归纳整理知识的意识。

2.整理回顾。

谈话：以小组为单位，回忆这学期我们学习了哪些除法知识？

学生独立思考，小组交流，然后全班交流展示。

追问：除法的这些知识点，你一言我一语，大家听起来有什么感受？

预设：这样回顾很零散。

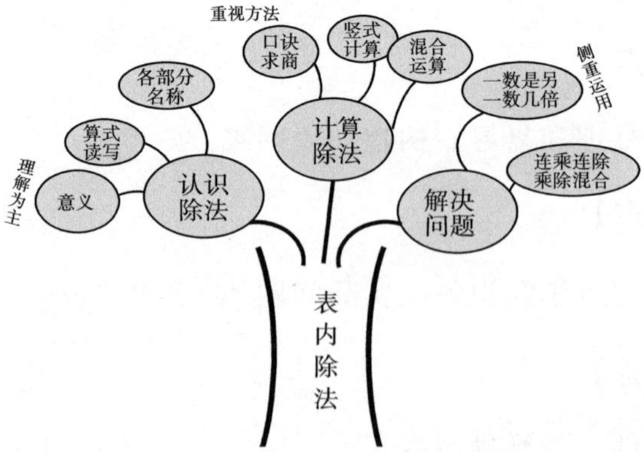

小结：知识很零散，不利于同学们掌握。我们可以通过归类，把

所有的知识点串成一棵知识树。

［设计意图］整理归纳所学知识，构建知识结构，掌握和理解知识间的联系，使学生进一步加深对表内除法知识的理解。

3. 知识梳理——除法的认识。

谈话：除法的认识是从平均分开始的。

提问：什么是平均分？平均分还涉及哪些知识？

预设：平均分有两种方法：按每份的个数分；按份数平均分。

小结：除法和平均分是相联系的，只要是平均分的过程，就可以用除法算式表示。

谈话：接着学习了算式的读写及各部分名称。

提问：比如12÷3=4，怎样读？算式的各部分名称叫什么？

预设：12除以3等于4。12是被除数，3是除数，4是商。

追问：还有要补充的吗？

预设：除法算式中的除号读作“除以”而不是“除”。

小结：简单的知识也要引起我们的注意。

［设计意图］加深学生对除法基础知识和方法的理解，促进学生基本技能的掌握，同时突出核心概念“平均分”及对除法意义的理解。

4. 知识梳理——除法的计算。

谈话：接下来我们学习了除法的计算，包括利用乘法口诀求商、列竖式计算。

提问：竖式计算时需要注意什么？竖式中各个数字代表什么意思？以$\begin{array}{r}6\\3\overline{)18}\end{array}$为例子说一说。

预设：竖式计算时需要数位对齐。

预设：被除数18除以除数3商为6，下面的18是3和6的乘积，18减去18等于0。

小结：你说得真清楚，这两个18大有不同，第一个18表示被除数，第二个18表示除数和商的积，最后的0是通过被除数减去除数和商的积得来的。

谈话：接着我们学习了特殊数0的除法，有什么需要注意的吗？

预设：0除以任何一个不是0的数都得0。

小结：因为0不能做除数，所以0除以任何数都得0，但不能除以0。

5.知识梳理——解决问题。

谈话：最后我们学习了解决问题，包括倍数问题和综合算式。

提问：解决倍数问题时需要注意什么？

预设：倍表示的是数量关系，所以不用写单位。

小结：求一个数是另一个数的几倍就是求一个数里面有几个另一个数，属于平均分的一种，用除法计算。

追问：我们学习乘法时也学习过倍数问题，你们还记得吗？

预设：求一个数的几倍是多少就是求几个数相乘。

小结：乘法和除法都有倍数问题，解决实际问题时可要分清楚。

[设计意图] 按照教学内容的顺序复习，突出知识间的内在联系，便于在复习时整理和比较，让学生更加全面、深入地理解和掌握所学知识。

6.体会分类整理的好处。

提问：复习除法的相关知识时，这样整理有什么好处？

预设：知识不容易遗漏，不同内容可以明确区分。

小结：不容易遗漏就是知识整理得全面，不同内容可以明确区分就是有条理。分类整理就是先将知识分类，再将同一类知识归纳，最后串联到一起。经过分类整理后，知识串成了串，方便学生记忆，提高学习效率。

[设计意图] 低年级学生年龄小，知识整理能力较弱，需要教师引导。在整理过程中，借助思维导图和知识树，让学生对知识点进行简单

的分类，充分发挥了教师的引导作用。汇集学生的研究成果，描绘出表内除法的知识框架，让学生对除法的相关知识有了一个整体的认知。

二、感受数学文化，探究数学秘密

谈话：对于除法，除了我们学过的知识，你还想知道什么？

预设：除法的由来。

课件播放：除号的由来。（略）

提问：通过刚才的介绍，除号是由什么发展来的？

谈话：原来，小小的除号也经历了漫长的演变过程！除号最初作为减号，在欧洲大陆长期使用。那么除法和减法是不是有联系呢？有什么联系呢？

追问：我们举例子来研究一下：妈妈买了10个苹果，小华每天吃2个，几天吃完？

预设：可以用除法算式：10÷2=5（天），还可以用减法算式10−2−2−2−2−2=0。

追问：观察减法算式和除法算式，它们之间有什么联系？

预设：10是总数，减法算式中的减数2是除法算式中的除数，除法算式中的5是减法算式中连续减去的2的个数。

追问：什么样的减法算式才能用除法表示？

预设：连续减去一个相同的数，可以用除法来解决。

小结：除法和减法有一定的关系，所以“−”和“÷”也有一点相似之处。这让你想到了前面学习的什么关系？

预设：乘法和加法的关系。

谈话：再观察这几个算式，看看你还能发现什么？

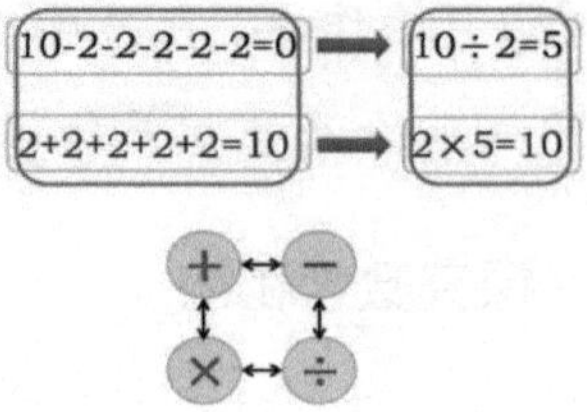

小结：加法和减法有联系，乘法和除法有联系，加减乘除之间都有着神奇的联系！

［设计意图］教学过程中适时融入数学文化，有利于激发学生学习数学的兴趣，让学生明白数学知识的产生、发展和应用是一个动态的过程，感受数学家不断探索真理的过程。借助问题情境，可让学生体会加法、减法、乘法和除法并不是孤立的，而是有着紧密的联系。加减乘除运算之间的内在联系，是从前往后纵向联结的过程，也是由此及彼横向联结的过程，更是由部分和部分、部分和整体内部联结的过程。通过这样的活动，学生积累丰富的学习经验，并能利用这些经验大胆“创新”，构建新的数学知识结构，培养推理能力和概括能力。

三、分层练习，巩固提高

第一关：基础练习——限时口算。

一、快速口答

24÷6=	32÷4=	0÷3 =
18÷9=	27÷3=	24÷4÷6=
21÷7=	81÷9=	14÷2×6=
25÷5=	28÷7=	4×2×7 =

第二关：变式练习——解决问题。

问题：20米长的绳子剪了4次，平均每段长多少米？

第三关：综合练习——编数学故事。

问题：用12÷3=4编一个数学故事。

［设计意图］通过有层次和梯度的练习，激发学生练习的兴趣，培养学生独立思考、有理有据的思维习惯，提升综合运用知识分析问题、解决问题的能力。

四、梳理总结，构建网络

谈话：同学们，通过这节课的学习，你有哪些新的收获和认识？

小结：在学完一部分知识后，要有意识地回头整理复习，把学过的知识系统归类，即运用分类整理的方法将零散的知识以知识树的形式系统化。通过复习，我们还会有新的收获，正所谓“温故而知新”。

课例4：《用连乘解决问题》教学设计

【教学内容】

《义务教育教科书·数学》（青岛版）三年级下册第四单元信息窗1。

【教学目标】

1. 在具体问题情境中认识连乘问题的结构特点，能正确分析题中的数量关系。

2. 掌握连乘问题的解题规律，建构连乘问题的数学模型。

3. 通过信息整理，渗透解决问题策略的多样化，学会归纳与分析问题的方法，提高解答实际问题的能力。

4. 感受生活与数学的密切联系，激发学习兴趣，增强数学应用意识。

【教学重点】

建构用连乘解决问题的数学模型。

【教学难点】

在解决问题的过程中，体验解决问题策略的多样化。

【教具准备】

多媒体课件、板贴、课上研究单。

【教学过程】

一、创设情境，引入新课

1. 出示情境图。

谈话：同学们，春天是鲜花盛开的季节，在青岛有几个赏花的好去处，我们一起欣赏一下。（播放课件）

谈话：大自然除了带给我们美，还蕴藏着许多有趣的数学问题。今天这节课我们就来研究百花中的数学问题。

［设计意图］数学教学必须注意从学生的生活情境和感兴趣的事物出发，越接近学生的生活背景，学生自觉接纳知识的程度就越高。因此，导入环节采用主题情境式教学，创设参观花海的情境，让学生在感受生活中美的同时，激发学习兴趣和主动探究的积极性，培养审美能力，陶冶情操。

2. 提出问题。

谈话：出示主题情境图，（略）仔细观察，你发现了哪些数学信息？

预设：3种颜色的花同样多，各摆了5行，每行8盆。

谈话：各摆5行是什么意思？

预设：每种摆了5行。

谈话：根据这些信息，你能提出什么数学问题？

预设：每种颜色的花都摆了多少盆？3种颜色的花一共摆了多少盆？

提炼出本节课主要解决的问题：3种花一共摆了多少盆？

［设计意图］问题的解决应从“搜集整理信息”开始，引导学生观察，搜集信息，经历从实际生活中发现问题、提出问题的过程，培养学生及时捕捉有效信息的能力。对“各摆5行”的理解直接影响到后面对直观图的整理，这个环节的设计，可让学生更加关注到信息的采集，为后面整理信息做好铺垫。

二、自主探究，体验创新

1.化信息为符号。

谈话：请同学们闭上眼睛想象一下，在你面前摆放着3种颜色不同的花卉，每种颜色的花都摆了5行，每行8盆。睁开眼睛，你能用直观、简洁的方法把这些信息表示出来吗？

学生进行交流。

谈话：打开练习本，用你想到的方法表示出3种花卉的直观图，看谁表示得清楚、简洁、速度又快。

2.展示交流。

谈话：老师看到，尽管你们用了不同的符号，但表示的意思是一致的。谁来说说你是怎样表示的？

［设计意图］问题呈现后，老师没有急着梳理信息与解决问题，取而代之的是让学生独立思考，自主探索想一想、画一画，用自己喜欢的方式如画圆圈、小棒、三角形等图形表示出心目中的花卉图，经历从语言到符号的自主转化过程，体验创新过程。

三、解决问题，建构模型

1.尝试计算，自主解答。

谈话：下面我们借助直观图，算一算3种颜色的花一共摆了多少盆？

打开研究单，先独立完成，再与同桌相互说一说。

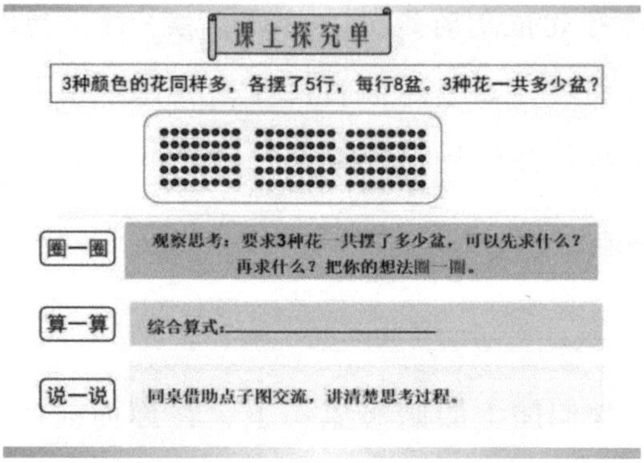

学生尝试解答，教师巡视。

2.展示交流，数形结合。

全班交流，重点说一说：先求什么？再求什么？根据哪些信息解决？

教师逐一展示不同解决方案，引导学生充分体验数形结合思想。

（1）思路1：

先算：1种颜色的花有多少盆？

8×5=40（盆）

再算：3种颜色的花一共有多少盆？

40×3＝120（盆）

综合算式：8×5×3

＝40×3

＝120（盆）

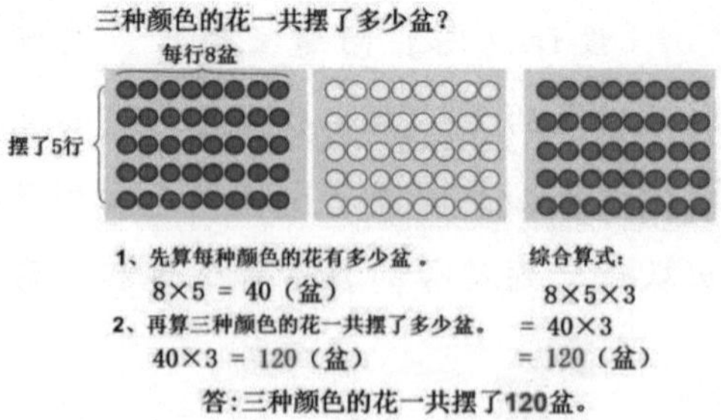

（2）思路2：

先算：3种颜色的花一长行有多少盆？

8×3=24（盆）

再算：3种颜色的花一共有多少盆？

24×5＝120（盆）

综合算式：8×3×5

＝24×5

＝120（盆）

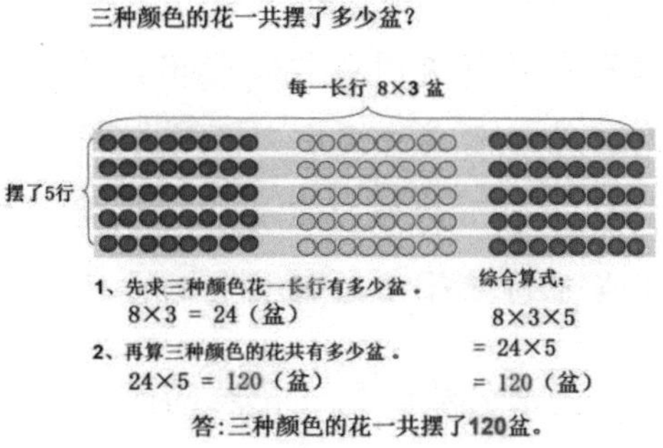

［设计意图］让学生利用自己画的直观图，及时有效梳理信息，说一说先求什么，再求什么，整理解题思路，进而小组讨论，全班交流，初步体验数形结合的数学思想，进一步认识直观图方法策略的重要性及优越性。

3. 比较分析，构建模型。

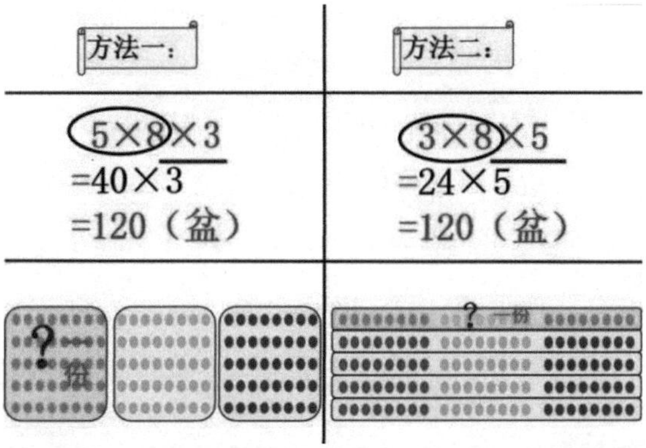

谈话：刚才我们通过不同的解决方法，得到了相同的结果。下面请同学们深入思考一下，这些不同的解题思路有没有相同的地方？

小结：这些算法都是从问题入手进行思考：要求“3种花一共有多少盆”，可以先求“1种花有多少盆”，还可以先求“一长行有多少盆”，这都是求出了整体中的一份，求这一份是多少用乘法（板书：□×□）；

然后根据一份再求相同的几份，也用乘法（补充板书：×□）。一共用到了两次乘法，今天我们学习的内容就是用连乘解决问题。

［设计意图］应用题教学要重视对数量关系的分析与解题思路的梳理。在解决问题的过程中，学生借助于自己设计的直观图，整理信息，分析数量关系，展示交流解题思路，体会解决问题的多样化、最优化，从而提炼出“要求总数量，先求每一份的数量，再用每一份的数量乘份数等于总数量”的方法策略，最后完成数学建模。

三、分层练习，拓展应用

1. 基础练习：只列式不计算。

要求：说一说先求什么，再求什么。

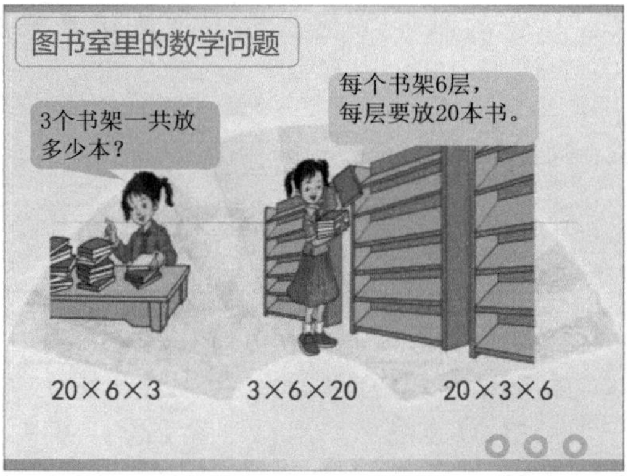

2. 变式练习：学生提出问题并口答。

3. 拓展应用练习（课后完成）。

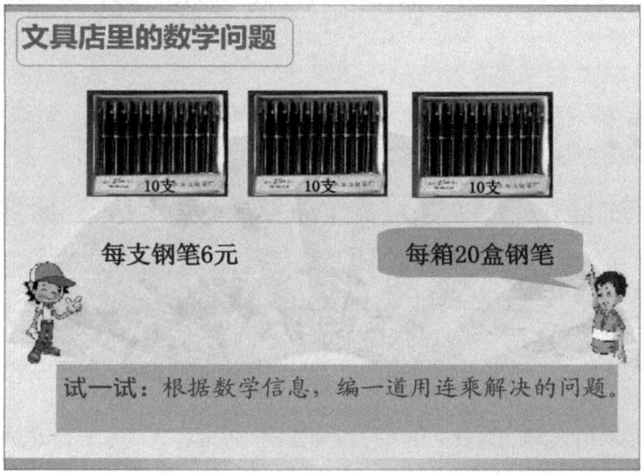

［设计意图］练习设计体现层次性，题目难度由浅入深，同时充满生活味、挑战性，可让学生在练习中加深对连乘问题的理解，正确运用连乘解决实际问题，培养学数学、用数学、创造数学的意识。

四、回顾梳理，总结提升

谈话：让我们一起回顾这节课的学习过程，首先我们在赏花的情境中，根据信息提出问题，接着解决问题，最后进行了分层练习。

小结：在知识新授环节，我们先借助点子图分析数量关系，再列式解答，这里运用了数形结合的思想方法；然后对不同方法进行比较，发现了不同中的相同点，总结出连乘模型；最后利用连乘模型解决了生活中的连乘问题。

［设计意图］通过回顾梳理，学生从知识、能力和方法、情感态度三个方面进行总结，注重数学思想方法的提升，培养了梳理、概括的能力，以及反思、总结的能力，同时构建了系统的学习模式，为以后的学习铺好了路。

课例5：《积的变化规律》教学设计

【教学内容】

《义务教育教科书·数学》（青岛版）四年级上册第三单元“相关链接”内容。

【教学目标】

1.经历探索和发现积的变化规律的过程，会用简单的语言表达积的变化规律，并能运用这一规律解决实际问题。

2.通过观察、比较、猜想、验证和归纳等一系列的数学活动，初步获得探索数学规律的一般方法和经验，发展归纳推理能力和运算能力，初步感受函数思想。

3.培养探索精神和合作交往能力，获得成功体验，增强学习数学的兴趣和自信心。

【教学重点】

掌握积的变化规律。

【教学难点】

获得探索规律的方法，感受函数思想。

【教具准备】

多媒体课件、课上研究单。

【教学过程】

一、回顾旧知，提出问题

谈话：同学们，本单元我们学习了三位数乘两位数，在学习时我

们发现多位数乘法与一位数、两位数乘法是有密切联系的。（出示课件）

比如根据4×2=8，我们可以类推出40×2=80，400×2=800，400×20=8000等。

谈话：仔细观察这些算式的因数和积，它们之间有什么联系？今天我们就一起研究。

二、合作探索，学习新知

1. 自主探究。

谈话：为方便大家研究，老师准备了两组算式，请你先独立计算，然后仔细观察，最后把你的发现在小组里交流一下。（出示课件）

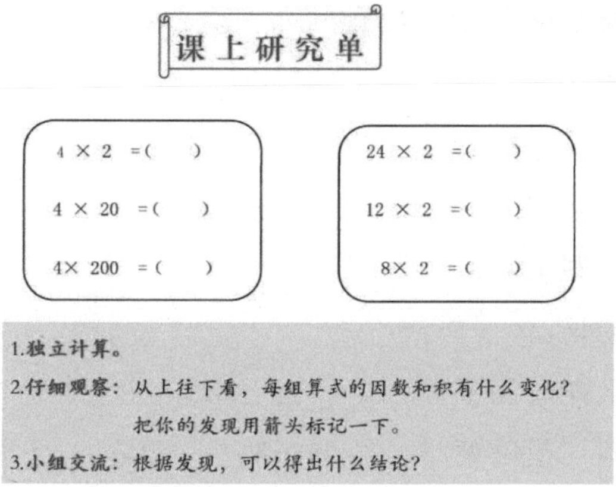

学生合作完成，教师巡视拍照。

2. 汇报交流。

谈话：哪个小组来分享一下你们的研究成果？

预设1：从上往下观察，我们发现：一个因数不变，另一个因数乘一个数，积也跟着乘相同的数。

换一个角度，从下往上观察，我们发现：一个因数不变，另一个因数除以一个数，积也跟着除以相同的数。

谈话：你能把这两个发现合成一个来说一说吗？

预设2：一个因数不变，另一个因数乘（或除以）一个数，积也乘（或除以）相同的数。

3.提出猜想。

谈话：在刚才的数学研究中，通过观察、比较，我们得出了一个结论：一个因数不变，另一个因数乘（或除以）几，积也会乘（或除以）几。

谈话：这个发现是不是具有普遍性呢？

由此，我们猜想：这会是一种规律吗？需要我们来进行验证。

[设计意图] 教师充分放手，发挥小组的智慧，让学生在相互交流的过程中，对“我的发现”有更加深入的思考，继而成为学习的主人。在全班汇报时，教师对观察算式的方法做有效指导，如从上往下观察，换一个角度进行，然后直观地表示出规律等。

4.验证规律。

（1）交流验证方法。

师：怎样验证？

生：举几个例子验证一下。

（2）举例验证。

师：举什么样的例子？

师继续追问：是随便举一个例子吗？（不是。）也就是说，我们举例的算式要符合什么特点？

预设1：乘10，乘100。

师：只能乘10，乘100吗？

预设2：一个因数不变，另一个因数乘一个数。

师：你想乘几？

此时，对学生的回答及时给予反应，注重对学生的表扬和质疑。

（3）根据学生的回答，一步步出示小组合作的要求。

合作要求

【我们的猜想】

“一个因数不变，另一个因数乘（或除以）几，积也会乘（或除以）相同的数”是一种规律吗？

【举例验证】

①例子要符合“一个因数不变，另一个因数乘几或除以几”的特点。

②在研究单反面，写出1组和黑板上不同的例子进行验证。

③为了清楚呈现你们的想法，可以在算式上进行标注。

【得出结论】

说一说：你们得出的结论是什么？

师：请小组合作完成课上研究单，时间为5分钟，开始。

小组交流，教师参与到小组学习中。

（4）全班交流。

谈话：哪个小组来和大家分享你们的验证过程？

预设1：我们举的例子是……，得出的结论是……

预设2：我们举的例子是……，得出的结论是……

（5）总结规律。

谈话：大家举出了不同的例子，但是得出的结论是相同的。

通过验证，大家发现这个猜想是正确的，即一个因数不变，另一个因数乘（或除以）一个数，积也乘（或除以）相同的数。

我们把这个规律叫作积的变化规律。（板书课题：积的变化规律）

（6）小结。

谈话：刚才我们先大胆地猜想，然后仔细验证，最后得出了结论。接着，我们可以运用这个规律解决数学问题。

[设计意图] 问题设计让学生产生验证规律的需要，通过举例进行验证，又让学生经历了探索规律的全过程：大胆猜想—仔细验证—得出结论。在验证规律时，为了鼓励学生列举出不同的例子，教师采取了合作学习的策略。经历了这样一个探究过程后，学生利用不完全归纳法发现乘法算式均符合这一规律。

三、巩固应用，内化新知

1.$A \times B = 500$，如果A不变，B除以10，则积变为（ ）

①50

②5000

③不确定

2.一个长方形绿地的面积是80平方米，如果长不变，将宽扩大2倍，绿地的面积将变成（　　）平方米。

①不确定

②160

③40

3.出示高铁图片：高铁列车来了！同学们乘坐过吗？有什么乘坐感受？你知道世界上高铁运行速度最快的是哪个国家吗？（中国。）对，是中国！高铁的平均速度是250—350千米/时，最高运行速度可达350千米/时以上，相当于1秒钟跑97米。

如果将这列火车的速度定为300千米/时，那么2小时行驶多少千米？3小时呢？

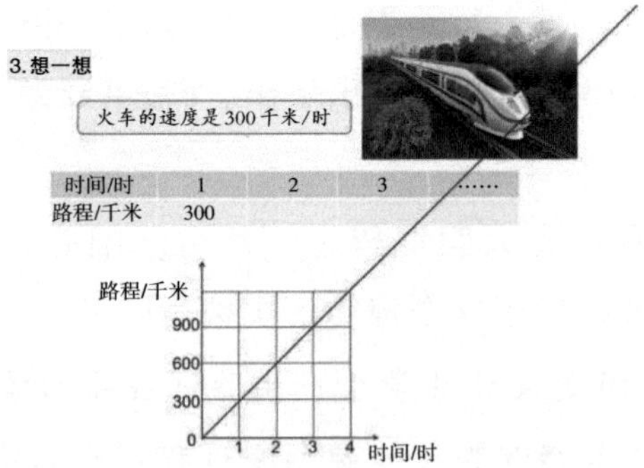

师：我们发现，速度不变，随着时间增加，行驶的路程也增加。如果把它们之间的变化关系整理到这幅图中，会是什么样呢？

课件动态演示：列车开始出发，1小时到达300千米处，2小时呢？3小时呢？如果火车停下了，这是一条什么线？继续行驶，4小时、5小时……，如果永不停止，将会是一条什么线？

［设计意图］设计的练习遵循层层递进的原则，由浅入深，让学生在解决数学问题中，体会规律的作用，进一步熟悉所学习的规律。最后一个练习，教师将变化设计成“图像”，期望学生“看见”这种变化，初步感受函数思想。本环节通过算式、语言和图像等多种形式，让学生感悟到变量与变量之间的相互关系，在头脑中留下运动变化的思想。

四、回顾反思，总结提升

谈话：今天我们一起研究了积的变化规律。回想一下，经历了怎样的过程？

预设：观察分析—提出猜想—举例验证—得出结论（板书）。

谈话：同学们，得出结论不是学习的终点。面对这个结论，你有没有产生新的猜想呢？

谈话：今天我们研究的是一个因数不变，另一个因数变，积也会变。这只是积的变化规律中的一种［补充“课题（一）”］，还有另外的情况，你想到了什么？

猜想一：一个因数乘几，另一个因数乘几，积会发生什么变化？

猜想二：一个因数乘几，另一个因数除以几，积会发生什么变化？

猜想三：……

谈话：其实，数学就是一门研究规律的科学，只有善于观察、善于思考，才会发现越来越多的数学奥妙！课后布置一个作业（出示课后研究单），请根据今天的学习，选择或自己提出一个新猜想，举例验证，并得出新的结论。

《积的变化规律》课后研究单

班级________姓名________学号_______

【我的猜想】

【举例验证】

【得出结论】

课例6:《三角形的认识》教学设计

【教学内容】

《义务教育教科书·数学》(青岛版)四年级下册第四单元信息窗1。

【教学目标】

1. 结合具体情境，理解三角形以及高的概念，掌握画高的方法。

2. 经历三角形、高的概念的抽象过程，在观察、操作、分析、归纳等学习活动中，培养推理能力和模型思想，发展空间观念。

3. 在问题解决的过程中，感受数学探究的乐趣，激发学习数学的兴趣。

【教学重点】

认识理解三角形，掌握三角形的特征，会画三角形的高。

【教学难点】

理解三角形的高，掌握画高的方法。

【教具准备】

课前研究单、三角尺。

【教学过程】

一、谈话导入，开篇点题

谈话：同学们，今天我们一起认识三角形。你们见过三角形吗？在哪里见过？

学生举例回答。

谈话：的确，三角形在生活中有着广泛的应用，老师也搜集了一些三角形的图片，一起看大屏幕。（播放课件）

［设计意图］从生活中的三角形引入，阐述研究三角形的必要性，同时调动学生已有的生活经验，体会三角形与生活的密切联系。

二、操作感知，建构概念

1. 画一画，说一说。

谈话：看了这么多三角形，你能画一个三角形吗？

出示活动要求，分小组进行活动。

2. 投屏作品，小组汇报。

（1）三角形的共同点：三条边、三个角、三个顶点。

（2）三角形的不同画法。

预设1：先画一条线段，从线段的一个端点出发再画第二条线段，连接两条线段的末端，三条线段连接在一起，画出一个三角形。

预设2：先画出三个顶点，再依次连接这三个顶点，画出一个三角形。

3. 分析画法，构建概念。

谈话：不管哪种画法，都要注意什么？

预设：图形封闭，线段首尾相连。

谈话：同学们能结合画三角形的过程，说说什么样的图形是三角形吗？

小结：三条线段首尾相连，围成的图形就是三角形。

［设计意图］在画三角形时，从学生已有认知经验出发，寻求不同画法之间的内在联系，直抵概念核心，顺利总结出三角形的定义。

三、借助经验，沟通联系

1. 找找三角形的高。

谈话：其实，还有一种画三角形的方法。同学们先画一条线段，然后在这条线段的上方确定一个顶点，连接顶点和线段的两个端点，最后围成一个三角形。（课件演示）

如果把这个顶点往上平移，同样连接下面这条边，就得到另一个三角形。

继续平移顶点，得到的三角形发生了什么变化？

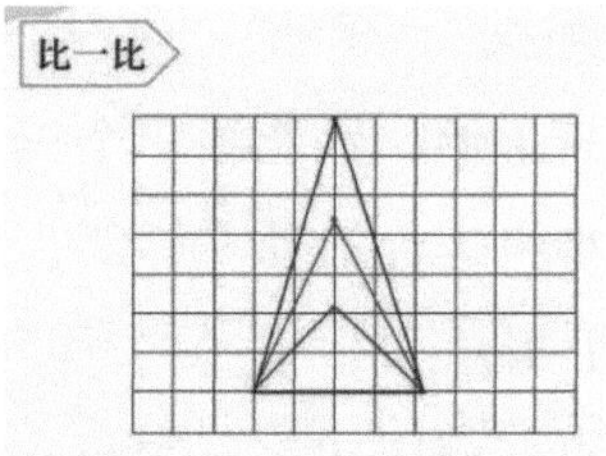

预设：三角形越来越大，越来越高。

追问：你们说的高度是指什么？谁来指一指。

谈话：看清楚它的高度在哪里了吗？

再出示一组三角形，让学生指一指高。

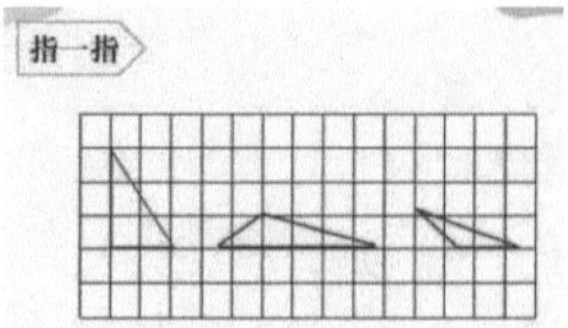

2. 说说三角形的高。

谈话：你能用语言描述一下，什么是三角形的高吗？

小组交流，学生汇报。

小结：从三角形的一个顶点到对边的垂直线段，称为三角形的高。这条对边叫三角形的底。

3. 画画三角形的高。

谈话：你能画出三角形的高吗？完成研究单第2题。

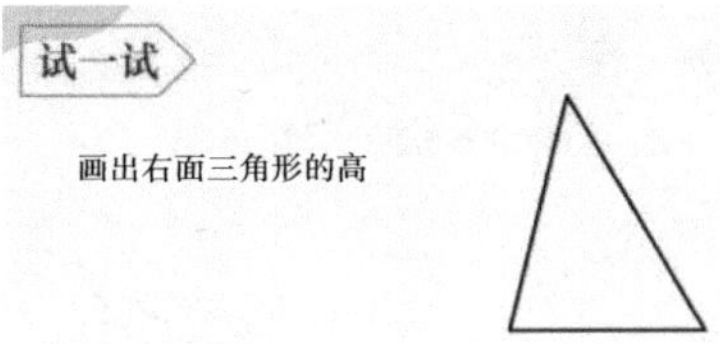

交流：怎么画高？

小结：借助三角尺上的直角，将一条直角边与三角形的底边重合，另一条直角边平移到顶点处，从顶点向对边作一条垂线段，标上垂直符号，写上高、底。(课件演示画高的方法)

谈话：谁能将我们刚才介绍的画高的方法用简短的话语归纳一下？

小结：一合、二移、三画、四标。

4. 沟通联系。

谈话：三角形画高的方法有没有给你一种似曾相识的感觉？我们在前面学习哪个知识时也用到过？(课件演示)

小结：从直线外一点作这条直线的垂直线段，现在给它画了两条线段，它就变成了画三角形的高了。原来知识之间有这么神奇的联系。

5. 明确底和高的对应关系。

谈话：同学们，你觉得三角形一共有多少条高？

小结：因为三角形有3个顶点和3条对边，从一个顶点能向对边作一条高，所以三角形有3条高。

谈话：下面请你在研究单第2题上画出三角形的另外两条高（略）。

小结：三角形有3条高，每一条高对应一个底。

6.再次画高，体验不同三角形中的高。

谈话：学到这里，你对三角形的高还有什么疑问吗？

预设：每个三角形都会有3条高吗？

谈话：带着疑问，我们来找找这两个三角形的高，看看有什么神奇的发现。(出示研究单第3题)

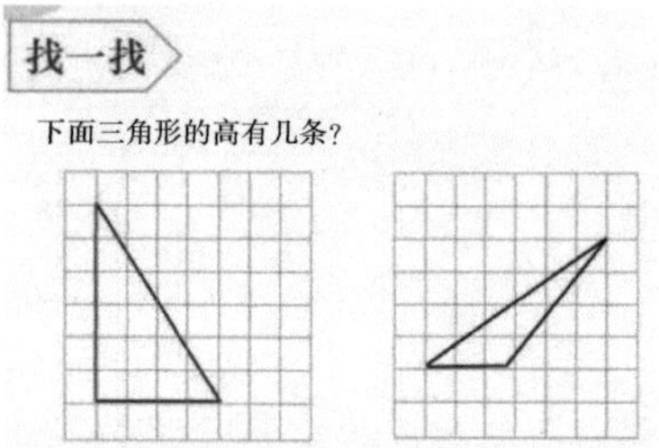

小结：原来三角形的高可以在三角形的里面，也可以在三角形的边上，还可以在三角形的外面。每个三角形都有3条高，太神奇了。

［设计意图］知识不是凭空出现的，教师要教给学生学会积累经验，并将前后知识联系起来，产生新的经验。本节课，教师带领学生经历了找高—描述高—画高的过程，在活动中积累经验，沟通联系，抽象模型，发展空间观念。

四、回顾梳理，课后延伸

谈话：今天我们从什么是三角形、三角形的外在特征、三角形的高这几个方面认识了三角形。其实，三角形还有很多知识等着大家去探究，比如有的大桥的支架为什么设计成三角形状的、三角形三条边的长短有什么关系、三角形三个角的大小有什么联系、三角形的分类等。

［设计意图］课堂学习既不是认知的起点，也不是学习的终点。数学学习是从学生已有认知开始，在探究中不断发现问题、解决问题再到产生新的问题，然后继续研究，让学生体会知识的无穷魅力，产

生不断学习的欲望。

课例7：《平行四边形的面积》教学设计

【教学内容】

《义务教育教科书·数学》（青岛版）五年级上册第五单元信息窗1。

【教学目标】

1. 经历探索平行四边形面积的过程，掌握平行四边形的面积公式，并能正确计算。

2. 在探索过程中体会“等积变形”的转化方法，渗透猜想、验证、得出结论和应用旧知识解决新问题的数学思想；初步建立空间观念，发展推理能力。

3. 在数学知识的变化和联系中，体会数学的科学性和严谨性，激发学习数学的欲望，体验探究学习的乐趣。

【教学重点】

理解并掌握平行四边形面积计算公式。

【教学难点】

理解平行四边形面积计算公式的推导过程。

【教具准备】

1号信封：平行四边形卡片1张、方格图2种、平行四边形框架1个。

2号信封：平行四边形、剪刀、小提示。

【教学过程】

一、创设情境，提供素材

1. 谈话引入。

谈话：同学们，生活中处处有数学。请看，工人们正在安装玻璃。你从中发现了什么数学信息？（播放课件）

预设：玻璃的形状是平行四边形，这块玻璃的底是1.2米，高是0.7米。

2. 根据信息，提出问题。

提问：根据这些信息，你能提出什么数学问题？

预设：这块玻璃的面积是多少平方米？

引导学生梳理：要求玻璃的面积也就是求平行四边形的面积。这节课我们就一起来研究平行四边形的面积。

［设计意图］教学从生活情境引入，让学生看图查找信息，提出数学问题，经历物形分离的过程，自然过渡到本节课要解决的问题上，从而让学生体会到问题解决的必要性及意义。

二、积极思考，引发猜想

1. 猜测。

出示准备好的平行四边形纸片。

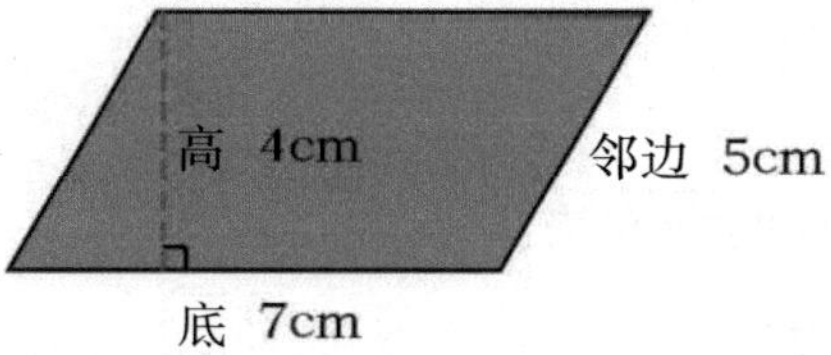

谈话：先来猜测一下，你觉得平行四边形的面积怎么计算？

学生可能会出现两种猜想：

（1）底×邻边？

（2）底×高？

2. 提问：我们的猜想对不对呢，怎么办？

预设：需要进行验证。

过渡：对，我们一个个地进行验证，看看正确的面积公式究竟是什么。

［设计意图］当学生内心深处生出一种强烈的探究欲望时，教师提供开放性的话题——猜测，满足了学生这一内心需求，并且引导学生从长方形、正方形的面积计算联想到平行四边形的面积计算，体现了知识的关联性，培养了迁移推理能力。

三、操作验证，总结公式

1. 验证“底×邻边”。

出示小组活动建议，学生在小组内动手操作。

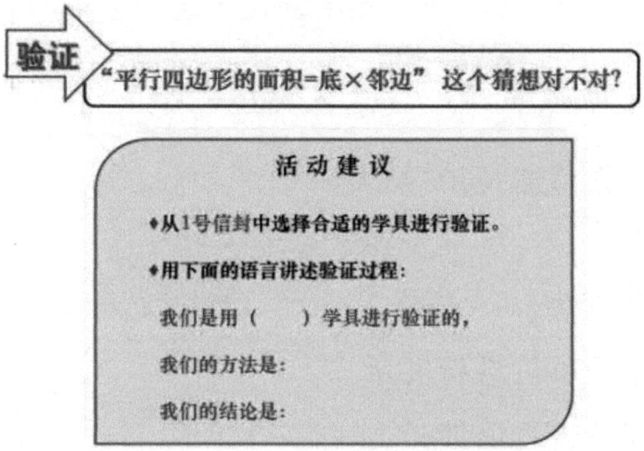

学生合作，教师巡视指导。

2. 全班交流。

学生可能会出现两种方法：

（1）数方格的方法。

追问：你是怎样数出平行四边形的面积是28个格子的？

（2）拉框架的方法。

引导学生观察、思考：拉动框架，什么变了，什么没变？

小结：刚才我们用数一数、拉一拉的方法验证了“底×邻边”这个猜想是错误的。

3. 验证“底×高”。

提问：既然“底×邻边”不对，那“底×高”还用不用研究？为什么？

引发学生思考：任何一个结论的得出都需要经过严密的论证，所以需要继续验证“平行四边形的面积=底×高”对不对。

出示活动建议：

验证　“平行四边形的面积=底×高”这个猜想对不对?

活动建议

- 利用2号信封里的学具，想办法进行验证。
- 先独立思考，遇到困难可以打开信封，按里面的提示进行验证。

学生操作，教师巡视指导。

4. 全班交流。

（1）剪拼的方法。

学生以小组为单位进行展示。

教师利用课件进行反馈：

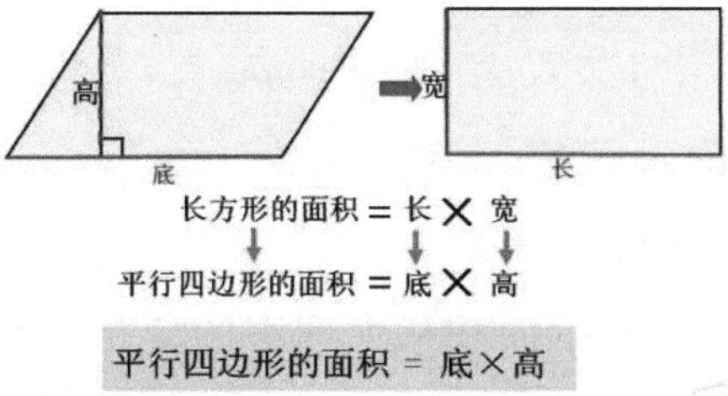

追问：还有不同的剪法吗？

（2）不同位置的剪拼。

学生演示沿着不同位置的高剪开，并进行说明。

（3）引发学生深入思考。

提问：这两种方法虽然剪的位置不同，但都有一个共同点，你们发现了吗？

预设：都拼成了一个长方形。

追问：为什么要拼成长方形？

小结：刚才我们把平行四边形通过剪、拼变成了长方形，它们的面积没变。长方形的长就是原来平行四边形的底，宽就是高，根据长方形的面积公式可以推导出平行四边形的面积公式就是底乘高。像这样把新的问题变成用已经学过的知识来解决的方法叫作转化。

5.公式的普遍性研究。

提问：是不是任意一个平行四边形的面积都能用底乘高计算呢？

出示表格，组织学生在头脑中想象并验证。

平行四边形	转化后长方形的长	转化后长方形的宽	转化后长方形的面积	平行四边形的面积
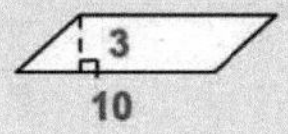				
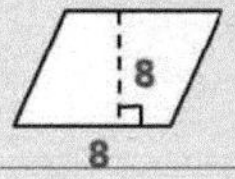				
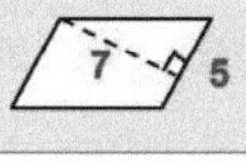				

小结：我们发现任意的平行四边形的面积都等于底乘高。为方便记忆，我们可以用字母公式表示：$S = ah$。

6. 借助框架，深入思考。

（1）验证面积公式。

出示框架（略），演示面积从大到小的变化过程，引导学生观察，思考：拉动框架，面积发生改变的原因是什么？

（2）理解长方形和平行四边形的关系。

演示面积从小到大的变化过程（略），引导学生发现：长方形是特殊的平行四边形。

［设计意图］在学生提出猜想后，教师引导学生动脑思考、动手操作，从证伪、证真两个方面进行验证。在验证过程中，学生亲身经历了知识的形成过程，并在教师引领下进行了有效的数学思考。利用多媒体的演示，学生对平行四边形转化成长方形有了更直观的感受，更清晰的推理过程。对公式普遍性的研究，使公式的推导更严谨、更科学，进一步发展了学生的空间想象能力。框架的充分应用，既验证了公式的科学性，还显示了长方形和平行四边形之间的联系，可谓一举两得。

四、应用公式，解决问题

1. 出示情境图和问题，组织学生计算平行四边形玻璃的面积。

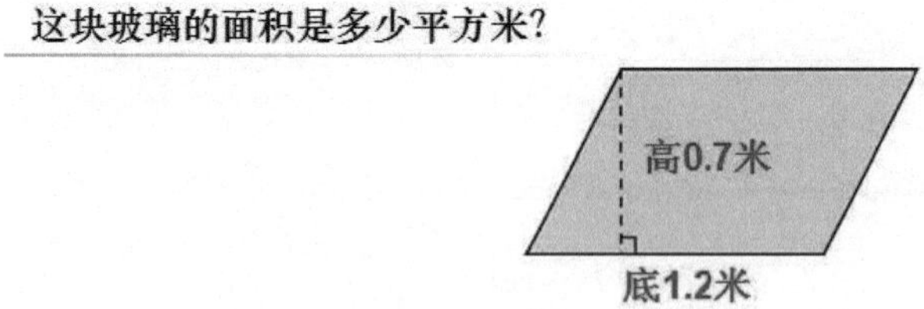

2. 抢答：出示图形，学生直接说结果。

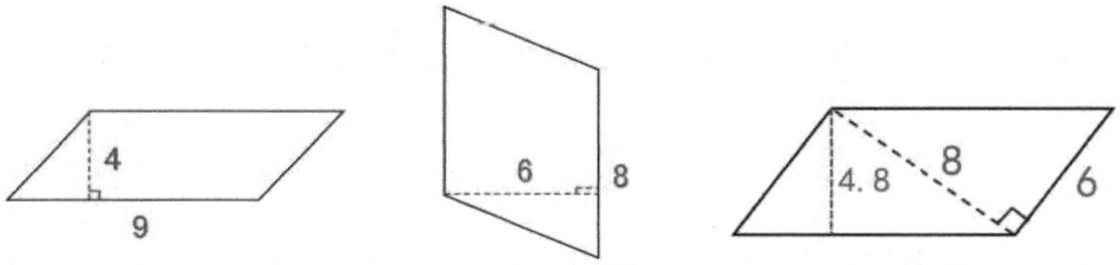

［设计意图］数学源于生活，又高于生活，并最终应用于生活。通过解决一开始提出的问题，学生体会数学学习的价值。通过简单的巩固练习，学生加深对面积公式的认识及应用，并在解决第3个图形面积时，体会底与高的对应关系。

五、回顾梳理，全课总结

谈话：同学们，今天我们一起研究了平行四边形的面积。回想一下，我们是怎么学习的？

小结：首先我们从生活中发现了数学问题，再进行猜测，然后运用多种方法进行验证，最终得出结论，解决问题。这是数学上常用的探究方法。相信你们不仅学到了知识，收获了学习方法，还能感受到探究带给我们的乐趣。

［设计意图］本环节引领学生全面回顾课堂教学，既关注了知识、方法，又关注了学习感受，有助于学生积累一些基本的数学活动经验，养成全面回顾的习惯，培养自我反思的能力。

【设计解读】

《平行四边形的面积》一课是青岛版教材五年级上册第五单元信息窗1的内容。围绕数学核心素养的培养目标，教学时要怎样落实课标“四基”的要求？作为一节图形测量课，授课教师力图借助多样的活动设计，让学生积累丰富的活动经验，并适时渗透数学思想方法，发展学生的空间观念和推理能力，培养模型思想。

一、经历猜测—验证—得出结论的数学探究过程，积累丰富的活动经验

这节课，采用先让学生“联想猜测”，再进行“实验验证”的教学思路，有意识地把“猜想”与“验证”蕴含在探究平行四边形面积计算方法的数学活动中，以此提升学生的空间观念、模型思想、推理能力等核心素养。当学生对平行四边形的面积计算获得两个合理的猜想后，教师不做否定，而是引导学生对自己的想法进行验证。在这个环节，教师的角色就是活动的设计者、组织者、参与者、指导者。教师首先要给学生提供丰富的活动素材，比如平行四边形纸片、框架、方格纸等，然后组织学生通过独立思考、小组合作、互动交流等多种方式展开教学活动，并适时参与其中，给予指导。学生通过数方格、拉框架、剪拼、转化，自己发现错误的结论，然后探究出正确的结论。这样，学生对知识的理解更透彻，真正做到知其然，更知其所以然。同时，这种多元的活动经验对学生的影响是深刻的，对学生的后续学习很有帮助，可达到教一节课会一类课的目的。

二、多元的活动设计，发展学生的数学思维能力，凸显对数学本质的探究

学生数学能力的发展需要借助多样的活动展开。如何在这节课上更好地发展学生的空间观念、推理能力，是教师在备课时思考的着力点。除了数方格、剪拼，还有没有更好的活动载体？经过多次打磨，本节教学设计增加了“拉框架”和“想象转化”两个不同思维层次的教学活动。

拉框架在本节课出现了两次，一次是第一次验证，使学生初步感知平行四边形的面积和底乘邻边没有关系；第二次是在验证完平行四边形的面积等于底乘高之后，借助框架让学生直观感受图形变化，加

深对这一公式的理解，并形象说明了“长方形是特殊的平行四边形”这一抽象道理。这两次框架演示，思维层次不同，第一次是实物演示，第二次是抽象化的图形演示。本节课借用框架将整个验证过程充分串联，很好地发展了学生的空间观念。

在验证底乘高这一环节，当学生借助学具验证出平行四边形的面积计算方法后，教师没有到此为止，因为对一个图形进行猜想—验证—得出结论，并不能代表共性，接着教师又引导学生对不同形状、大小的平行四边形进行面积计算公式的验证。该环节的设计没有停留在一个思维层面，首先是动手操作剪拼、转化，然后是动脑想象，对图形、数据进行验证，这样的设计有利于提升学生的思维层次，帮助学生建立空间观念。学生经历的完整的探索平行四边形面积计算公式的过程，是一个建立空间观念和模型思想的过程，更是一个推理能力培养的过程，也是一次对教材内容的深层次的挖掘。

三、渗透转化策略，构建模型思想，发展数学核心素养

数学教学的核心是促进学生思维的发展。通过猜想验证、剪一剪、拼一拼、直观演示等教学活动，不仅培养了学生的空间观念，还帮助学生构建了模型思想，训练了推理能力，提升了数学核心素养。

在这节课中，设计了剪一剪、拼一拼等学习活动，逐步引导学生观察思考：长方形的面积与原平行四边形的面积有什么关系？长方形的长和宽与平行四边形的底和高有什么关系？充分利用多媒体课件演示，内容形象、直观，帮助学生得出结论。通过观察、交流、讨论、练习等形式，学生在脑海中建立平行四边形面积的模型，掌握了平行四边形面积的求证方法，可为今后求证三角形、梯形等面积和其他类似的问题提供思维模型。

数学基本思想是研究数学不可缺少的思想，也是学习数学、理解和掌握数学所应追求和达成的目标。在整个探究平行四边形面积计算

公式的教学活动中，转化思想是探究的主线。不管是从开始数方格的初次验证中，数一数平行四边形的方格数，把不满格的拼成满格的长方形再数一数，还是从平行四边形剪拼成长方形来探究面积的计算方法，或是最后在二次验证时在脑海中想一想或在纸上画一画平行四边形到长方形的转换过程，都是在转化思想中完成的。教学过程中，先通过转化思想找到图形之间的关系，然后推导出平行四边形面积的计算方法。因此，转化思想统领了整节课的教学策略和教学活动。

总之，这节课围绕数学核心素养的目标，落实了课标“四基”的要求，特别在基本活动经验和基本思想层面下足了功夫，力图挖掘现象背后的道理，让学生的学习更接近数学本质。

课例8：《复式统计图》单元整理与复习

【教学内容】

《义务教育教科书·数学》（青岛版）五年级下册第六单元整理复习。

【教学目标】

1. 能熟练地运用复式统计图来描述数据，能根据复式统计图提出并解决简单的数学问题，作出正确的判断与合理的预测。

2. 经历回顾整理的过程，在统计的过程中进一步形成统计意识，发展数据分析的观念。

3. 通过对知识的整理与复习，养成回顾和反思的好习惯，感受数学学习的快乐，体会数学的应用价值，增强学习数学的自信心。

【教学重点】

根据统计图，提出数学问题并作出正确的判断与合理的预测。

【教具准备】

多媒体课件等。

【教学过程】

今天这节课我们一起对青岛版数学五年级下册第六单元《复式统计图》进行整理复习。作为高年级的学生，怎样有效复习呢？我想首先要对本单元知识点进行梳理，从中提炼出学习重点，同时要注重知识的前后联系，进行对比复习。在厘清知识点的基础上，根据自己的学习实际进行针对性的练习，巩固基础、拓展提升。下面，我们就按照这样的思路进行整理复习。（板书：第六单元《复式统计图》）

一、知识回顾

首先，请拿出课本，跟随老师一起回顾本单元的学习内容，进行知识梳理。在这个过程中，老师希望你不仅仅是用眼睛看、耳朵听，更重要的是用大脑思考，只有这样，复习才会变成一个新的学习过程，我们的收获才会更多。

这个单元有两个信息窗。信息窗1的内容是复式条形统计图，信息窗2的内容是复式折线统计图（图略）。之前我们学习过条形统计图、折线统计图，那么复式条形统计图和复式折线统计图是怎样产生的呢？它们的特点是什么？相信学完这一单元，你已经找到了答案。

下面我们先来复习信息窗1的内容。

通过复习教材内容，回忆学习统计时我们经历了怎样的过程：

首先，提出研究的问题：患近视的年龄是否提前了？要解决这个问题，就要做调查研究，收集数据。所以统计的第一步是收集数据。

怎样收集数据呢？在这里，我们需要设计一个调查表，来调查人们患近视的年龄是不是提前了。设计调查表，要考虑以下几个问题：(1)确定调查的对象。我们可以将一些患近视的中小学学生和家长作为调查对象。(2)确定调查的内容。我们可以把这些学生和家长患近视的年龄作为调查内容。(3)确定记录数据的方法。我们可以对这些学生和家长进行编号。综合考虑这些问题后，我们就可以设计一个简单的调查表了。如某小组调查了45名患近视的学生和家长，这个调查表就是记录他们患近视的年龄。

其次，将调查的数据进行整理。根据以前的学习经验，我们可以先把数据分段、分类整理成统计表，也就是这个“中小学生与家长开始患近视的年龄统计表”(略)。同学们看，我们把统计结果按年龄、类别、人数进行了整理，但是怎样更直观地描述数据呢？(可以选用统计图来表示数据。)条形统计图的特点是能直观地表示出数量的多少，所以我们将数据整理为条形统计图。这是我们以前学习的条形统计图，每幅统计图只表达一组数据，要想知道患近视年龄是不是提前了，需要对两幅图的数据进行比较，现在看起来不方便，怎么办呢？(合并成一个图。)对，我们可以把两个统计图合并成一个图，由此产生了复式条形统计图。至此，我们也体会到复式条形统计图产生的必要性。复式条形统计图的绘制方法跟单式统计图是相同的，不同的是图中多了一个图例(标注了不同颜色对应的类别，蓝色代表学生，橙色代表家长)(图略)。

最后，也是非常重要的一步，就是分析数据，得出结论。通过观察复式条形统计图，我们很容易发现蓝色数据在低年龄段比较集中，由此得出结论：中小学生患近视的年龄提前了。所以，复式条形统计图的优点是：不但可以很清楚地表达数量的多少，而且还便于对两组或两组以上的数据进行比较。

学到此，我们的研究不应该仅仅停留在一个结论上，统计数据最终的价值应该是为我们的生活服务。既然我们已经得到患近视年龄提前的结论，就要思考怎样改善这一现象。通过交流，同学们一定会找到很多正确用眼、爱护眼睛的好方法，比如注意坐姿、减少电子产品的使用时间等。通过这样的活动，我们亲身感受到了统计的实际意义和价值。

回顾信息窗1的学习过程，我们可以梳理出学习统计的步骤：收集数据—整理数据—表示数据—分析预判。有了这样的学习基础，掌握了研究问题的方法，后面的学习就简单了很多。

我们再来复习信息窗2：复式折线统计图。

本信息窗呈现的是某地区城镇与农村各100名学生患近视情况统计表（表略）。我们要解决这样的问题：城镇和农村学生患近视人数的变化情况。相信一听到“变化情况”，同学们就会想到以前学习的折线统计图，因为折线统计图的特点是较好地反映数据的增减变化情况。信息窗2的统计表中有两组数据（表略），可以用折线统计图来分别描述各自的变化情况，但是为了便于比较，我们是不是可以像信息窗1的复式条形统计图那样，把两个折线统计图合并在一起呢？（可以。）是的，完全可以，数学学习就需要进行这样的迁移和类推。

现在我们一起回顾一下复式折线统计图的绘制过程：先写标题和时间，再画横轴和纵轴，横轴表示年级，纵轴表示人数，先描点再连线，用实线表示城镇学生，用虚线表示农村学生，也是先描点再连线，这样的统计图就是复式折线统计图（图略）。从这幅统计图中，可以很明显地看出城镇和农村学生患近视人数都呈上升趋势，并且城镇学生患近视人数比农村的上升幅度快。还可以看出，城镇学生患近视人数比农村的多，因为表示城镇学生的那条实线从一年级到五年级一直在上面，而表示农村学生的那条虚线一直在下面。由此，我们也感受到复式折线统计图的优点是：不但能明显看出两个量的变化趋势，还便于对这两种变化趋势进行比较。

数据分析给我们的启示是：近视现象必须引起同学们的重视，尤其随着年级升高，同学们要合理安排学习、休息和运动时间，养成正确用眼的好习惯，特别注意减少电子产品的使用时间，做爱眼护眼的小卫士。

二、练习巩固

同学们，回顾刚才的整理复习过程，我们既对学习统计的过程进行了梳理，也对学习方法进行了总结，如把复式条形统计图的研究方法迁移到了复式折线统计图的学习中，还对相关联的两种统计图（单式条形统计图与复式条形统计图、单式折线统计图与复式折线统计图）分别进行了对比，从而发现了复式统计图的优点：用统计的方法可以对数据进行描述和分析，根据数据分析的结果可以进行解释、判断和预测。下面我们通过几道练习题来感受一下统计图的作用。

1.张华调查了五年级一班同学喜欢的运动项目，并将调查结果制成了下面的统计图。请根据统计图回答问题。

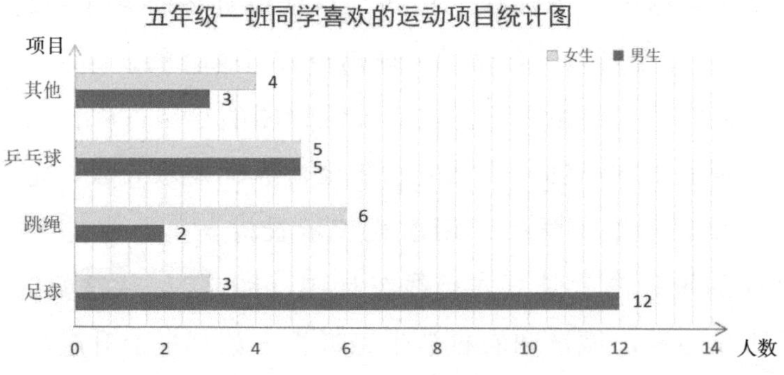

首先观察统计图：这是一个复式条形统计图，横轴代表人数，纵轴代表项目，有足球、跳绳、乒乓球、其他。再看图例：浅色代表女生，深色代表男生。

（1）喜欢哪种运动项目的人数最多？

在条形统计图中，能很清楚地发现表示足球的这一条形图是最长的，所以喜欢足球的人数最多。

（2）男生喜欢哪种运动项目的人数最多？女生呢？

从图例中知道，深色代表男生，浅色代表女生；分别找到深色最长的项目是足球，浅色最长的项目是跳绳。所以，男生喜欢足球的人数最多，女生喜欢跳绳的人数最多。

（3）五年级一班共多少人？

这个问题对大家来说是不是很简单？只需要把男生、女生的人数加起来就可以了。通过计算，我们知道五年级一班共40人。别看这个问题简单，在统计中的意义可不一般。如果你是张华，统计完后可以通过计算总人数，看看与实际调查人数是否一致，以此验证自己的调查统计数据是否有误。

（4）你还知道哪些数学信息？

仔细观察统计图，除了上面问题中的"喜欢哪种运动项目的人数最多"等，我们还会发现男生喜欢跳绳的人数最少，女生喜欢足球的人数最少，男生和女生喜欢乒乓球的人数同样多，等等。

下面来看一幅折线统计图，看看你能读懂什么。

2.根据上面的统计图，你能描述A、B两地2022年月平均气温变化的趋势吗？

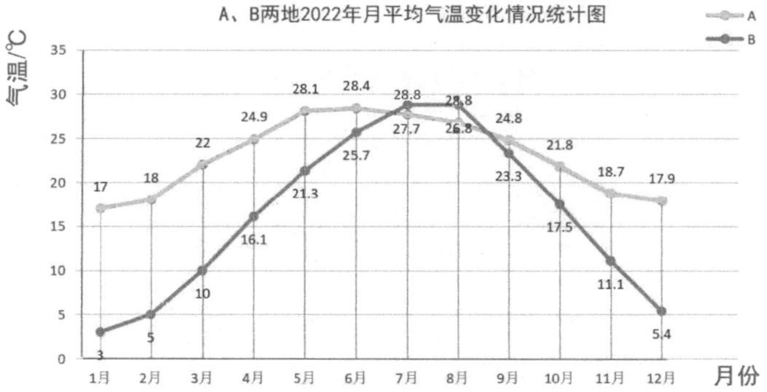

在这幅统计图上，浅色线代表A地1—12月份气温的变化，深色线代表B地1—12月份气温的变化。

（1）分别来看两地气温的变化趋势：

A地1—6月份气温呈上升趋势，6—12月份气温呈下降趋势；

B地1—7月份气温呈上升趋势，7—8月份气温平稳，8—12月份气温呈下降趋势。

（2）有一种植物的生长期为4个月，最适宜生长的温度为3—18℃。这种植物适合在哪个地方种植？

从图中可以发现，A地绝大多数月份的气温都在20℃以上，低于18℃的月份只有3个月。B地四季分明，1—4月份气温在3—16.1℃，所以适合这种植物的生长需求。因此，这种植物适合在B地种植。

（3）小晨的姐姐住在A地，她想4月份去B地游玩，你认为她应该准备些什么？

从统计图中可以知道，A地4月份的气温是24.9℃，天气比较热；B地4月份的气温是16.1℃，两地气温相差较大，所以小晨的姐姐应该带稍厚点的衣服。

你们看，小小的一张气温变化统计图，就可以指导我们的生产和生活为我们服务。学好统计、读懂数据真的很重要！

春天到了，同学们应该多走进大自然，感受生活的美好。下面我们来看一道跟爬山有关的题目。

3. 周末，王悦和高玲去爬山。

王悦、高玲爬山情况统计图

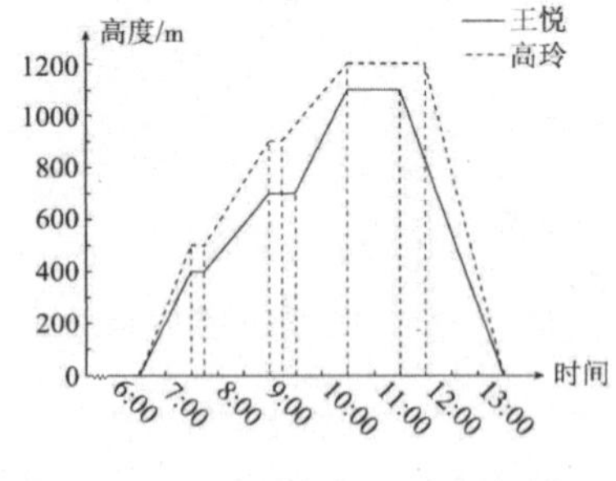

这是两人爬山情况统计图，实线表示王悦的爬山情况，虚线表示高玲的爬山情况，横轴表示时间，纵轴表示高度。

（1）谁爬得高？高多少？

从图中我们可以看到，虚线最高点是1200米，实线最高点是1100米，所以高玲爬得高。她们到达的最高点相差1200−1100=100（米）。

（2）两人下山各用了多长时间？

先思考：图中哪一部分表示下山？对，从最高点往下降的那一部分表示下山。

王悦是11:00开始下山，13:00到山脚，用了2小时。

高玲是11:30开始下山，13:00到山脚，用了1.5小时。

（3）两人下山的速度各是多少？

要求速度，需要用路程除以时间，时间上一题已经计算出来了，路程呢？从图中可以发现，高玲下山的路程是从最高点1200米处到山脚，用了1.5小时，速度为1200÷1.5=800（米/时）。王悦下山的路程是从最高点1100米处到山脚，用了2小时，速度为1100÷2=550（米/时）。

三、重点分析

同学们，在刚才的整理复习中，我们对相关联的两种统计图（单式条形统计图与复式条形统计图、单式折线统计图与复式折线统计图）分别进行了对比，从而发现了复式统计图的优点。记得上学期学习完折线统计图后，我们对折线统计图和条形统计图进行了对比，现在是不是可以对复式条形统计图和复式折线统计图进行一下对比呢？

观察这两种统计图，结合前面的学习经验，我们会发现这两种统计图的共同点：都能在一幅统计图上表示出多组数据。不同点是各自具有非常鲜明的特点：复式条形统计图便于对两组数据的数量进行比较，复式折线统计图便于对两组数据的变化趋势进行比较。

至此，回顾小学阶段我们学过的统计图共有四种：单式条形统计图、单式折线统计图、复式条形统计图、复式折线统计图。它们各自的特点是什么呢？

	条形统计图		折线统计图	
	单式条形统计图	复式条形统计图	单式折线统计图	复式条形统计图
示意图	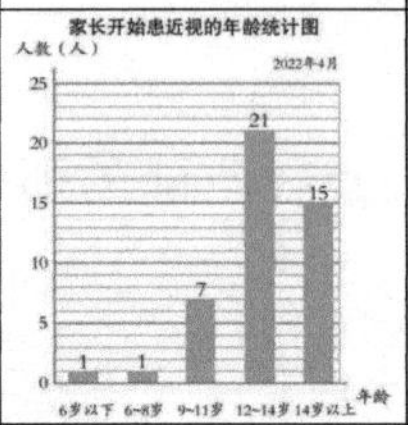	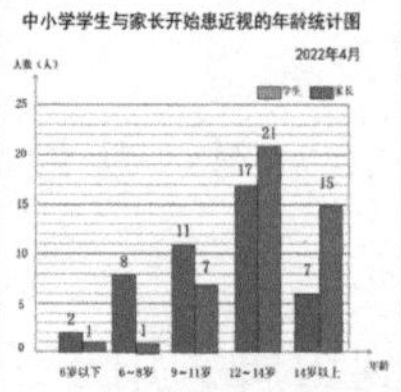	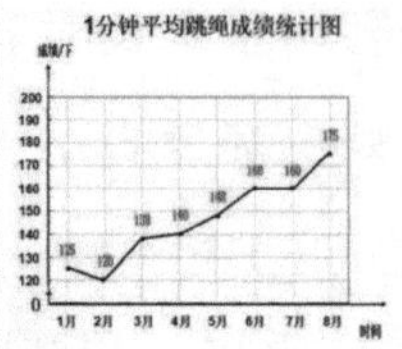	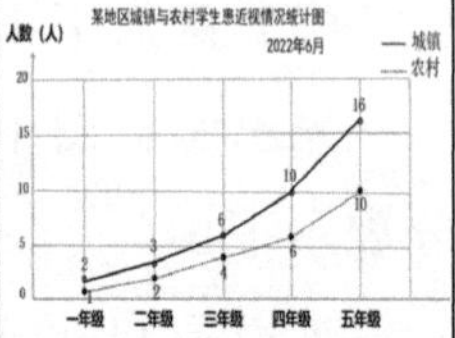
特点	能**清楚地**看出数量的多少	**不但很清楚地表达数量的多少，而且还便于**对两组数据进行比较	**直观表示出数量的**增减变化情况	**不但能反映数量增减变化的情况，而且便**于对两组数据的变化趋势进行比较

单式条形统计图的特点是能清楚地看出数量的多少，复式条形统计图的特点是不但很清楚地表达数量的多少，而且还便于对两组数据进行比较；单式折线统计图的特点是直观表示出数量的增减变化情况，复式折线统计图的特点是不但能反映数量增减变化的情况，而且便于对两组数据的变化趋势进行比较。

掌握了统计图各自的特点，我们就能根据具体需要选择合适的统计图来表示数据。

如下面这个问题：

下面两组数据分别用条形统计图还是折线统计图表示更合适？

（1）　五（1）班学生“五一”度假方式统计表

人数 \ 度假方式 \ 性别	探亲访友	在家休息	旅游	其他
男生	5	6	8	5
女生	6	5	6	4

（2）　五（1）班学生每年平均身高统计表

人数 \ 年级 \ 性别	2018 年	2019 年	2020 年	2021 年	2022 年
男生	121	128	136	143	150
女生	122	130	139	145	154

我们来看：第（1）组数据是五（1）班学生“五一”度假方式统计表，度假方式有探亲访友、在家休息、旅游、其他四种，同时从男生、女生的角度进行了分类统计。第（2）组数据是五（1）班学生每年平均身高统计表。

分析思考：第（1）组数据呈现的是男生、女生“五一”度假的不同方式，我们需要借助统计图表示出每种度假方式中男生、女生的不同人数，选用哪种统计图合适呢？（复式条形统计图。）对，因为复式条形统计图的特点是：既能清楚地表示数量的多少，还便于对两组数据进行比较，所以选用复式条形统计图表示比较合适。

第（2）组数据呈现的是2018年至2022年男生、女生身高变化情况，一说到变化情况，同学们肯定想到了折线统计图，所以这组数据选择复式折线统计图表示比较合适。

通过对比练习，相信同学们对复式统计图各自的特点更清晰了，一定会根据不同需要选择合适统计图来表示数据。这一单元我们接触到的复式统计图都是对两组数据进行描述，生活中还会遇到对两组以上的数据进行统计的情况，复式统计图同样适用。同学们看下面这些问题：

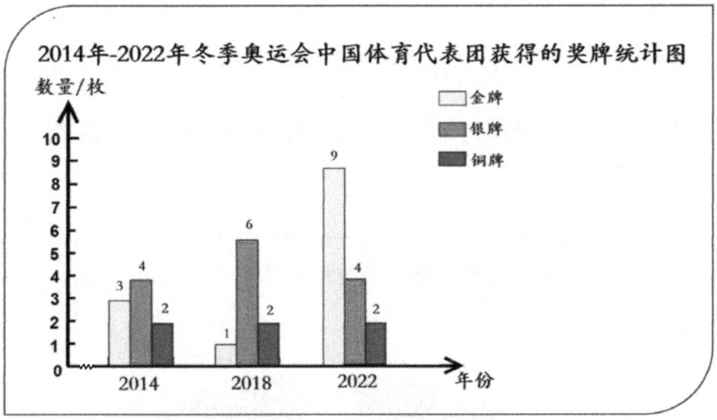

这是2014—2022年冬季奥运会中国体育代表团获得金、银、铜三种奖牌的统计图，可以看出中国队金牌数和奖牌总数的变化情况。

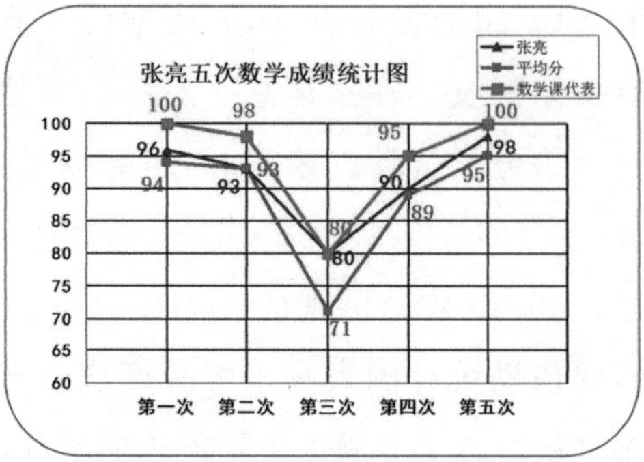

这是张亮五次数学成绩统计图，图中三条线分别表示了张亮的成绩变化、班级平均分的变化、数学课代表的成绩变化情况。

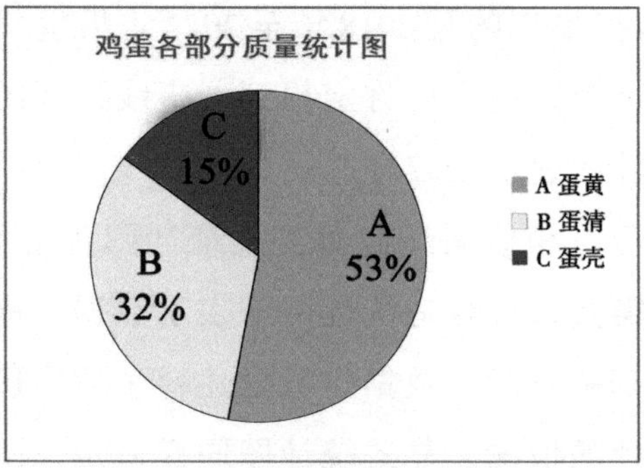

除了条形统计图和折线统计图，生活中我们还经常用到这样一种统计图——扇形统计图，有关扇形统计图的知识到六年级将会学习到。

其实统计在生活中的应用是很广泛的，比如我们在电视、报纸、杂志上经常见到各式各样的统计图，如饼状图、柱形图、叠加式统计图、组合式统计图等。

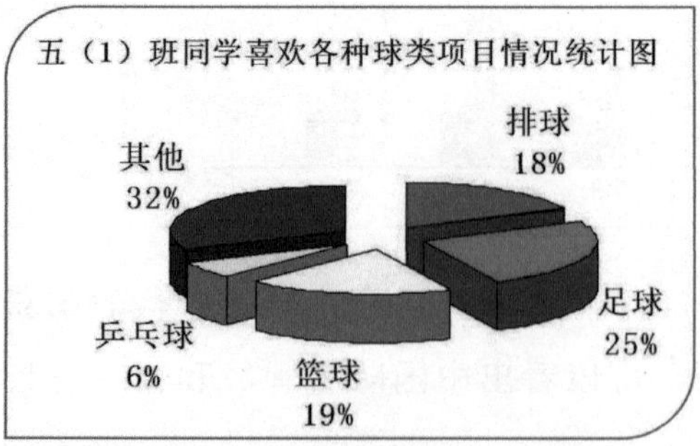

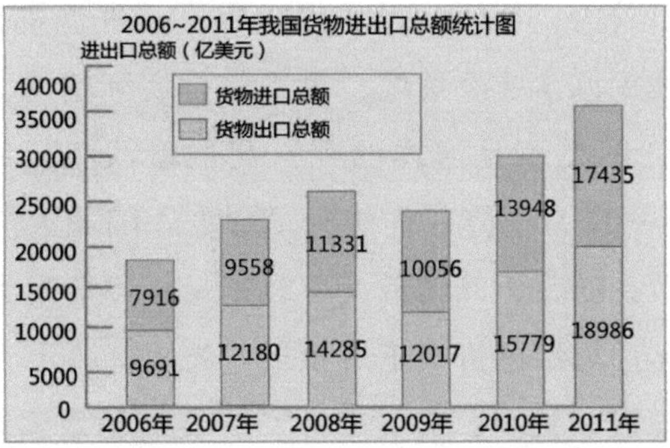

通过刚才的知识梳理，同学们既加深了对复式统计图的理解和认识，也找到了单式统计图和复式统计图的联系，还对其他类型的统计图有了了解。学习统计知识的核心是要对数据进行分析，能读懂数据背后蕴含的信息，根据数据的分布特点、变化规律做出合乎情理的预测和判断，让数据为我们的生活服务。刚才我们借助绘制完整的统计图解决了生活中的一些问题，现在如果是一幅没有完成的统计图，你能读懂什么呢？快来试一试吧！

四、拓展提升

下面是一幅没有完成的复式折线统计图，可以看到横轴只有数字，纵轴、图例、标题，都没有完成。观察这两段折线的变化趋势，想一想这幅图可能表示下面的哪件事情？

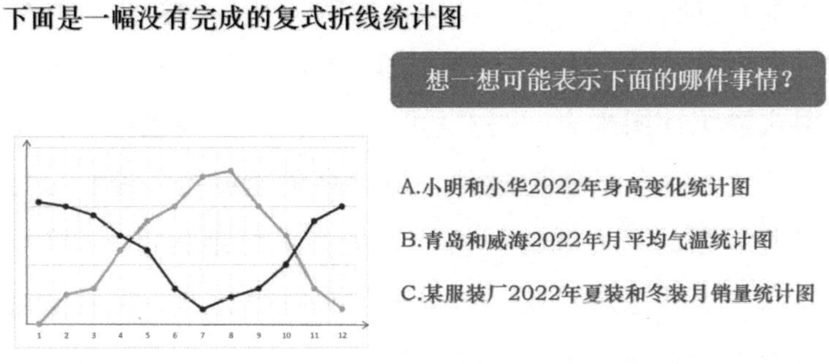

我们结合生活实际来分析一下：人的身高变化不可能呈下降趋

势，所以A项不符合。B项，青岛和威海夏季气温都比其他季节高，而图中深色折线中间7月份最低，也不符合实际情况。C项，夏装和冬装月销量统计图是不是这样的呢？我们看浅色折线的变化趋势：1—8月上升，8—12月下降。你想到了什么？随着天气越来越热，夏装销量越来越多；随着天气转凉，夏装销量也逐渐减少。再来看深色折线的变化情况：与浅色折线正好相反，先下降再上升，随着天气转暖，冬装的销量逐渐减少；天气变冷，冬装的销量逐渐增加。所以C项符合图意。

解决这样的问题，是不是让你感觉到能读懂统计图是一件很有意思的事？再来看一幅更有趣的统计图：

根据这幅统计图，你想到了一个什么故事？

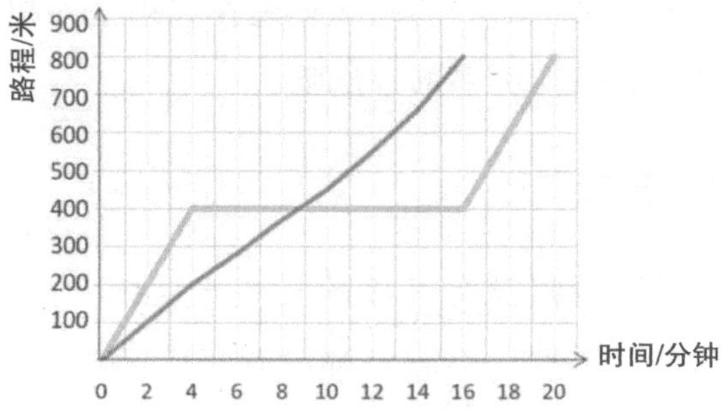

横轴表示时间，纵轴表示路程，仔细观察这两段折线，从起点到终点的走向变化（慢、停）。同学们，你想到了什么？龟兔赛跑的故事可以用这幅统计图来表示吗？（可以。）是的。浅色代表兔子的赛跑过程，深色代表乌龟的赛跑过程，虽然乌龟速度慢，但它努力坚持不放弃，靠着顽强的毅力和拼搏精神，最终提前到达800米终点处，赢得比赛胜利。展开想象，还可以描述什么故事？课下请同学们试着讲一讲，感受统计知识带来的乐趣吧！

课例9：《有趣的搭配》课堂实录与评析

【教学内容】

《义务教育教科书·数学》（人教版）三年级上册第九单元《数学广角》。

【教学目标】

1. 通过观察、操作、讨论等活动，能有顺序地找出简单事物的组合数，初步渗透乘法原理。

2. 通过合作交流，体会解决问题策略的多样性，培养初步的符号感，提升观察、分析问题的能力，增强有顺序地全面思考问题的意识。

3. 体会数学与生活的紧密联系，增强应用意识，激发学习数学的兴趣。

【教学重点】

探索发现乘法规律，初步渗透乘法原理。

【教学过程】

一、开门见山，点出课题

师：同学们，今天老师想和你们一起研究一个有趣的问题——搭配（板书：搭配）。平时你们遇到过搭配的问题吗？

生1：衣服的搭配。

生2：饭菜的搭配。

生3：文具的搭配。

生4：水果的搭配。

师：其实生活中的搭配问题很多，老师课前也搜集了一些，我们一起看一下（课件播放）。

师：我们先从同学们熟悉的衣服搭配开始，看看在搭配中会有什么样的数学问题。

［评析］搭配问题对学生来说并不陌生，教学时遵循学生的认知基础，从身边的生活中寻找课堂生成的知识点，激发学生的兴趣，激起学生学习的欲望。

二、自主探究，发现规律

1. 独立思考，引导学生用摆一摆的方法解决问题，渗透有序思考的思想。

师：同学们看，这里有1件上衣、2件下衣，如果一件上衣搭配一件下衣算一种搭配方法，那么一共有几种不同的搭配方法？

生：2种。

师：同学们反应真快！一眼就看出来了。再添一件上衣，现在有几种搭配方法？

生1：4种。

生2：6种。

师：你们看，现在有说4种的，也有说6种的，意见不统一了。怎么办？

生：试一试。

师：你们觉得这个办法怎么样？老师也觉得是个不错的主意。那么我们摆一摆、试一试。先请认为是4种的同学来摆一摆，看看是哪4种。

学生上前边操作边介绍。

师：能看清吗？那认为是6种的呢，谁上来摆给大家看看？

学生上前把两件上衣合在一起，说这也是一种搭配方法。

师：同学们说，这样搭配符合我们的要求吗？

生：不符合，应该一件上衣搭配一件下衣。

师：你听懂了吗？老师相信，如果你注意听题目要求，一定会表现得同样出色！

师：刚才我们用摆一摆的方法发现，2件上衣搭配2件下衣有4种不同的搭配方法。接下来我要继续增加衣服，你们还会搭配吗？

生：会。

师：如果你有想法，不要出声，轻轻用手势告诉我，好吗？

生：好的。

师：再增加1件下衣，现在有几种不同的搭配方法？

学生用手势表示有6种方法。

师：哎呀，都是6种摆法。那谁愿意来介绍一下你的摆法？

学生上前按照1件上衣分别搭配3件下衣的顺序摆出了6种。

师：看清楚了吗？

生：看清楚了。

师：有一位同学和他的摆法不一样，仔细看：不按顺序乱摆。你觉得这样摆怎么样？

生1：重复了。

生2：乱了，不清楚。

师（故作疑惑）：为什么刚才那位同学的摆法很清楚？

生：因为他是按一定顺序摆的。

师：噢。看来按照一定的顺序搭配就能看清楚了。按一定顺序还可以怎么搭配？

生：1件下衣和2件上衣搭配，另外2件下衣也这样搭配，一共6种。

师：我听明白了，是这样搭配吗？（课件演示）

师：刚才我们用摆一摆的方法发现2件上衣搭配3件下衣会有6种不同的方法。这6种搭配方法我们还可以用简单方式表示（课件演示）。同学们能看懂吗？

生：能看懂。

师：刚才老师从你们的摆法中发现了一个小窍门，怎样摆才能既不重复又不乱呢？

生：按顺序摆。

师：的确，按顺序思考问题是一种很重要的数学思想方法，如果你跟它交上了朋友，搭配问题就会变得很简单。

［评析］这个环节的设计层层递进，从最简单的问题入手激活学生的认知经验，逐步增加难度。当一眼观察不出答案时，教师引导学生可以动手摆一摆，初步渗透解题策略，培养学生灵活解决问题的意识。并在解决问题过程中，通过对比，渗透有序思考的数学思想方法，让学生初步体会有序思考的重要性。

2.体验解题策略的多样化，初步渗透符号化思想。

师：如果老师再增加难度，你们还会搭配吗？

生：能。

师：很有信心，是不是真的会呢，老师可要检验了。上衣变成3件，下衣变成4件，请思考：有多少种搭配方法？

师：有的同学有想法了，有的还没想出来。我发现有的同学在用手比画着什么，你想怎么做？

生：摆一摆。

师：咱们借助学具摆一摆找答案，行吗？

生：行。

师：哎呀，真不好意思，老师忘记了，我只准备了部分学具，没法摆了，怎么办？

生：画一画。

师：同学们觉得这个方法可行吗？

生：行。

师：那好，老师记下来。用画图的方法摆，我们可不是看谁画的衣服像，而是看谁能想出一种画法，可以既快速又简单清楚地表示出3件上衣和4件下衣的搭配方法。老师想和你们比赛，看谁的表示方法既简单又清楚，行吗？准备好了吗？开始！

……

师：好，停下来，同学们。老师真佩服你们！这张小小的白纸在你们的手中一会儿就变得丰富多彩了，想看看其他同学创造的方法吗？

生：想。

师：一起欣赏（现场展示）A同学画的衣服图，B同学用简单图形表示的，C同学用简单的汉字表示。你们觉得哪种方法表示得又好又快。

生：简单图形表示得好。

师：刚才老师也参加比赛了，老师的方法和你们的不一样，想看看我的方法吗？

生：想。

师：我用字母代表上衣，数字序号代表下衣，你们觉得怎么样？

生1：简单。

生2：清楚。

师：我的方法和用图形表示想比，哪种更快？

生：用字母、数字表示更快。

师：谢谢你们的认同。那我们就用这种方法表示下面更多件衣服的搭配。

[评析]这个环节的设计充分发挥学生的自主创造性，当遇到学具不够的情况时，学生主动想办法——画一画，然后自己创造画法。多种解题策略呈现了学生原始的思维状态，并在与同伴的交流过程中，开拓思路，学会欣赏别人，正确评价别人，从而体会符号表示的

简洁性，初步培养了符号意识。

3.探索规律，初步渗透乘法原理。

师：下面我们就用刚才的方法表示出5件上衣和10件下衣的搭配方法，这一次我们来个计时比赛，2分钟的时间，最先完成的把作品交给老师！

……

师：时间到，停下来，完成的请举手。（寥寥无几）想问问你们有什么感觉？

生：画得很麻烦、很乱。

师：5件、10件就很乱了，如果100件上衣、90件下衣搭配呢？

生：用这种方法也不合适了。

师：说得真好！看来当衣服件数很多的时候，用画一画的方法也不方便了。请同学们认真想一想，能不能从前面的搭配中发现什么规律？小组讨论一下。

学生分小组积极热烈地讨论交流。

师：同学们，是不是早就发现这个秘密了？

生：是。

师：刚才我走到一个小组旁边时，他们都迫不及待地告诉我能用乘法算出来。我们看看是这样吗：2×2=4，2×3=6，3×4=12，5×10=50，还真是这样呢！老师课前也画了画，仔细数了数，5件上衣、10件下衣搭配确实有50种搭配方法。

师：善于思考的同学肯定在想：为什么用乘法就能算出结果？下面我们结合搭配过程，一起找找用乘法计算的道理。

师：2件上衣、3件下衣搭配，可以这样表示（课件展示）。谁发现能用2×3=6计算的道理了？

生：有2个3，就是2×3=6。

师：说得真好！那么3件上衣、4件下衣搭配呢，谁能解释一下？

生：有3个4，就是3×4=12。

师：再来看，5件上衣、10件下衣搭配，老师没画完，你还能发现其中的规律吗？

生：一件上衣搭配10件下衣，有5个10，就是5×10=50。

师：噢，原来如此。知道了这个秘密，这样的搭配问题就变得很简单了。你会用这个方法解决问题了吗？试试看。

［评析］学生的学习应该是积极主动的，这个环节的设计很好地激发了学生学习的内驱力。教师创设了一个有效的问题情境，学生深陷其中，当他们有了切身的感受："画一画"太麻烦了，方法不合适了，自然会积极寻求新的解决策略，"想一想"的方法应运而生。数学教学不能仅仅局限在"知其然"上，更应引领学生探寻用乘法计算的道理。教学中多一些为什么，多一些"知其所以然"，会对学生的终身发展产生深刻影响，也为我们的教学增添意义和价值。

三、拓展应用，课堂总结

师：请看，这是早餐搭配问题。有2种饮料——牛奶和豆浆，3种点心——蛋糕、油条、饼干。请问一种饮料搭配一种点心，一共有多少种搭配的方法？

生：6种。

师：这么快，怎么想的？

生：2×3=6。

师：老师不明白了，这不是衣服搭配，为什么还能用2×3=6算出结果？

生：因为1种饮料可以搭配3种点心，有2个3，就是2×3=6。

师：我发现你有一双火眼金睛，这个问题换了说法，你还能识破它。其实早餐搭配问题跟穿衣搭配是一个类型的，那就是饮料相当于上衣，点心相当于下衣，乘起来就是搭配的结果。

师：继续看下面这个问题：从学校到街心花园有两条路，从街心花园到少年宫有4条路。从学校经过街心花园到少年宫一共有多少条路线？

生：8条。

师：又这么快！谁能说说想法？

生：2×4=8。

生：我还有不同的解释，可以把从学校到街心花园的2条路看成2件上衣，从街心花园到少年宫的4条路看成4件下衣，2×4=8就算出来了。

师：你解释得真清楚！看来这些搭配的问题都难不住你们了。聪聪和明明听说搭配问题这么有趣，也带来一个问题向你们发出挑战！做好迎战的准备了吗？

师：请看课本练习第1题：十位上和个位上的数字和是10，一共能组成多少个两位数？

生1：9个。

生2：6个。

生3：8个。

师：看来聪聪和明明的问题很有挑战性！再给你们一次机会思考，一会再交流。

……

师：现在有答案了吗？有几种？

生：9种。

……

师：其实聪聪和明明还有一个更有挑战性的问题，可是下课的铃声马上要响了。一节课就要结束了，让我们把这节课的感受、收获以及你的心里话与大家一块分享吧！谁先来？

生1：我学到了很多搭配的知识。

生2：我觉得搭配的时候要按一定顺序思考。

生3：我发现用计算的方法能很快算出搭配结果。

生4：我想说，老师我们不会忘记你，因为你的课打动了我们。

……

师：谢谢同学们。老师也想说和同学们一起学习很快乐！今天我们学习的搭配都是简单组合，以后你们还会学到像这样的（出示课件）数字排列问题。虽然搭配问题千变万化，但只要你们有一双善于观察的眼睛、一颗善于思考的头脑，一定能发现其中的数学奥秘！老师期待着你们能有越来越多的精彩发现！

［评析］3个练习题的设计遵循层层递进的原则，由浅入深，且侧重点各有不同，注重让学生用建立的穿衣搭配的数学模型解决相应的数学问题。通过不同层面的练习，拓展本节课的搭配问题，并借机延伸至以后的排列问题，这样的教学设计更具拓展性。

【教学点评】

一、营造和谐的课堂氛围，关注每一位学生的发展

和谐是这节课的一大特点，教师极具亲和力的语言拉近了与学生的距离，商量的语气、尊重的口吻浸透着对学生浓浓的爱，轻柔的话语中渗透着对学生的耐心。如“我这样做行吗？你们同意吗？”“老师想和你们来个比赛，可以吗？”“你们觉得老师的方法怎么样？”“谢谢你们的认可”“如果你注意听题目要求，一定会表现得同样出色”等。教师关注每一个孩子的表现，课堂上任何一个孩子的任何举动都在老师的眼中，不忽视每一个孩子的回答，让学生真正体会到老师对他们的关爱。试想在这样的学习氛围中，学生被尊重，被推到主体地位，又怎会不积极主动地学习呢！

二、遵循学生的认知规律，由易到难，层层递进

本节课从学生非常熟悉的衣服搭配问题入手，激发学生对问题探究的兴趣。探究过程遵循低年级学生的年龄特点，逐步加深难度，先看再摆再画到最后发现规律，层层递进。这样的设计，尊重学生的认知规律，让学生经历摆一摆、画一画、想一想的过程，学会有序思考，体会符号表示的简洁性，同时通过探寻规律，学生不仅知其然，更能知其所以然。本节课教学层次清晰，步步深入，在探索过程中培养了学生的观察、分析及推理能力。

三、不断制造认知冲突，引领学生建立数学模型，体验挑战，体会成功

不断创设认知冲突是这节课的一大亮点。教师创设了一个又一个有效的问题情境，引领学生经历一次又一次的思维碰撞过程，将摆一摆、画一画、想一想的方法贯穿始终，使学生在用老方法解决新问题的过程中不断产生认知冲突，从而积极主动地寻求解决策略。然后在解决问题的过程中，不断遭遇挑战，发展思维能力，再通过破解问题，不断体验数学学习的乐趣，体会成功。

在解决矛盾冲突的过程中，通过实物操作—连线搭配—算式表达三个步骤，实现建模的全过程。该过程步骤清晰，逐步抽象，由具体的情境引入，最终又从情境中脱离而出，同时用符号化的语言对解决问题的方法进行了归纳，体现了数学的本质，从而增强了学生的数学学习能力。

教育随笔，积淀智慧

在教育的长河中，每一滴水都蕴含着无尽的智慧。教育随笔是我凝结教育生活与感悟的笔触，每一篇文章都盛满了我对教育事业的深思熟虑与深情寄望。这些文字或是对教授之道的精钻深研，或是对育人之本的深思熟虑，或是对学生成长的细腻描摹，皆是我在教育征途上不断前行、蓄力成长的见证。

教学，是一门艺术，更是一场充满智慧的较量。投身于实践，以学习磨砺自我，在反思中坚定我对教育的热诚与信念。教育的真谛在于唤起学生内心的无限可能，只有当探求知识成为一种愉悦的旅程时，学生才能真正爱上数学，在数学的海洋中快乐遨游，尽情领略知识的无限魅力。

教学智慧

深度学习，让学习真正发生

所谓深度学习是指在教师的引领下，学生围绕具有一定挑战性的学习主题，积极参与、体验成功、获得发展的有意义的学习过程。在这个过程中，学生掌握学科的核心知识，理解学习过程，把握学科核心思想与方法，形成积极的内在学习动机、积极向上的情感态度，成为具有创造性又基础扎实的优秀学习者。简言之，深度学习就是让学习真正发生。

怎样让学习真正发生？首先需要营造一种民主、愉悦的学习氛围，其次需要设计有挑战性、能激发学生深入思考欲望的问题，同时还要舍得给学生提供探究合作的时间和空间。只有激发起学生探究的欲望，再加上教师智慧的引领，深度学习才会真正发生。

一、在丰富的活动体验中积累经验，深化认识

数学活动经验不像“知识”那样“看得见”，它是个体的体验和感受，形成于学生参与的数学活动过程中，伴随着学生的数学学习而发展，反映了学生对数学的真实理解。在数学学习中，要使学生真正理解数学知识，感悟数学的理性精神，形成创新能力，就应该让学生积极参与数学活动，积累丰富而有效的数学活动经验。

在教学一年级“100以内数的认识”时，可利用教材设置第一个红点问题——认识28，然后设计多样化的活动。

一数：从1数到28，可以多样地数，如1个1个地数、2个2个地

数、3个3个地数等。（初步感知数的大小）

二摆：用小棒摆一摆，表示出28这个数，要求别人一眼就能看出是28根小棒。（渗透一一对应思想）

三拨：在计数器上拨出28，并说说为什么这样表示。（强化数位意义）

四说：说一说28表示什么意义？（理解数的意义）

五写：写出28这个数。（形成对数的认识）

从上可以看出，这几个活动既需要动手动口又需要动脑，学生在丰富的活动中经历、体验、交流、感悟，加深了对数的认识，形成了更为深刻的多元的数的表象特征，积累了丰富的活动经验，可为后面大数的学习做好铺垫。

二、从规则背后挖掘知识本质

在小学数学学习内容中，存在着大量的四则运算法则、定律、性质、公式等规则。数学规则是数学知识的重要组成部分，作为一名数学教师，不仅能从数学视角知道它是什么，更要明白为什么会有这些规则，并善于在教学中引领学生弄清楚来龙去脉，把握知识本质。因此，在计算教学中，不仅要掌握算法，更要明白算理。

如在教学“两位数加一位数和加整十数（26+3，26+30）”时，为了让学生明晰算理，促进算法形成，可以设计如下教学活动促进深度学习。

第一层次：激活经验，适时点拨。26+3的计算结果，许多学生都已掌握，但对于算理是懵懂的。课伊始，教师立足学情，要让学生根据已有知识经验尝试说明计算的道理。

第二层次：数形结合，把握本质。学生思维的发展是从直观形象思维向抽象逻辑思维发展的。计算教学需要让学生充分体验由算理直观化向算法抽象化的过渡过程，所以这个环节需要借助直观模型（小棒、计数器）来说理，使算理的阐述更清晰，培养学生的数学理解能力。

第三层次：渗透思想，积累经验。在理解算理、掌握算法的过程中，渗透数形结合思想，感悟“相同数位的数相加”的道理，并把积累的活动经验自觉迁移应用到解决“26+30”的计算中。

让学习真正发生，就要让学生站在学习中心，也就是让学生成为学习的主体、课堂的主人。因为只有调动起学习者自身的积极性、主动性和创造性，学习效果才能最大化。所以，教学中教师要舍得放手，要勇敢地往后退，坚持做到：问题由学生提，疑难让学生解，方法让学生悟，思路让学生说，错误让学生析。引导学生通过观察、操作、独立思考及讨论交流，获得数学知识，掌握数学技能，感悟数学思想方法，积累数学活动经验。同时，在教学中，教师不仅要掌握知识本质，更要在课堂上留足时间，让学生深入体会数学知识的本质，探究知识背后的道理，促进学生真正把握知识、驾驭知识，从而推动数学教学向纵深发展，在体验和创造中学习数学，实现知识的自我构建。

算法多样化才是有意义的

今天的数学课学习“两位数乘一位数进位的竖式算法”，师生之间上演了精彩的一幕幕：

当把“29×2怎么算”这个问题抛给学生后，我料想到一部分学生是会算的，所以他们觉得很简单，信心满满。但随后我提出了一个要求：“自己不仅会算，还要能当老师讲出自己的算法，并且准备好回答同学们的提问。”结果，学生呈现了四种不同算法：

A：9×2=18，20×2=40，18+40=58

B：
$$\begin{array}{r} 2\ 9 \\ \times\quad 2 \\ \hline 1\ 8 \\ +4\ \ \ \\ \hline 5\ 8 \end{array}$$

C：
$$\begin{array}{r} 2\ 9 \\ \times\quad 2 \\ \hline 5\ 8 \end{array}$$

D：
$$\begin{array}{r} 2\ 9 \\ \times\quad {}_{1}2 \\ \hline 5\ 8 \end{array}$$

算法A是一位尖子生创造的。其他学生对于算法A都能看得懂，只不过大部分学生都会用竖式，所以觉得这种方法麻烦。但我表扬了该同学，因为他很聪明，在遇到新的问题没法直接解决时，想到了用以前学过的方法来解决，这是解决问题的一种策略！我相信其他同学以后解决问题时会受到该同学的启发。

算法B是一位学习中游的学生创造的。当她讲完自己的算法时，遭到其他同学质疑。一学生问："我不太明白'18+4=58'这一步，麻烦你讲讲。"该同学愣住了。我想她心里是明白的，但表达不出来，这时另一位学生说："你把4后面的0写上，他就明白了。"果然，添上0，这个竖式就跟算法A同理了。不过同学们说这样写太麻烦了，我知道他们的心里早已认定竖式的简单写法，但至于算理不一定能比这两位同学明白，所以我趁机引导："虽然这种写法有点麻烦，但它有个优点，你们发现了吗？""每一步都很清楚。"反应快的学生抢答道。"是啊，其实人们最初就是这样写竖式的，一步一步呈现，清晰明了。后来人们发现这样写确实有些麻烦，特别是数位多的数相乘时就更麻烦了，所以简化了过程，变成了算法C和D。"

对于算法C和D，进位的1需不需要写上，学生也有一番小小的争论：

生1：我觉得需要写，不写容易算成结果是48。

生2：我觉得不需要写，因为写很麻烦，在心里记着就行了，也能算出正确结果是58。

生3：那万一你忘了怎么办？

生2：我不会忘。在心里记着怎么会忘呢？（这个学生数学成绩较好，就是有点懒，所以他的回答是理所当然的。）

结果，听他这么一说，别的同学无言以对了。

此时，该我出马了。我什么都没说，拿起粉笔不假思索地在29前面随意添上两位数“56”，题目变成了“5629×2”。同学们瞪大了眼，“啊”了一声，有的是惊讶，有的是会意。只见生2不好意思地笑了，说：“不行，不写上进位的1就乱了。”此时真是无声胜有声啊！

就在我们意犹未尽时，下课的铃声响了。孩子们精彩的表现充盈着我的心灵，让我久久不能平静。真的很陶醉于这样的课堂，陶醉于孩子们求知的眼神，陶醉于他们碰撞产生的火花，陶醉于他们或幼稚或纯真或辩论中。我享受这样的课堂，不求做多少练习，但求每堂课都能让孩子们打开思维，课堂上充满他们灵动的影子，而不是机械地授教！所以我的课堂，提倡孩子们大胆发言，说出自己真实的想法，鼓励他们与众不同的想法，允许他们自由辩论，呵护他们独特的回答，不分对错，因为原生态的认知最可贵！

感谢孩子们，每一次的惊喜都由你们创造！期待你们在数学学习的旅程中有更多自主的认知，相信有自己思考的你们会有更大的创造力！

如何构建有效的小组合作学习

本学期带领工作室的成员一起研究翻转课堂理念下的教学模式，我们尝试了“四环四学”教学模式，即独立自学—同伴互学—点拨助学—反思悟学。在实施过程中，重点研究了自学导航单的设计、小组合作学习的实施策略、教师点拨助学的时机。这几个方面实际上是不可割裂的，因为一堂完整的课这几个环节必不可缺，且互相发生作用。

小组合作学习的训练是一项长期工程，不可能短期见效，但只要去做了，哪怕是很小的尝试，就会发现其实并不难，还能享受到合作学习带来的惊喜。我在本学期的教学中，主要从以下几方面进行尝试：

一是学习小组的构建。首先，为保持班级秩序稳定，不打扰其他任课老师的上课常规，课桌摆放形式没有做改变，学习小组的构建在遵循前后四人一组的原则上，只在搭配上做适当人员调整，确保组际成员的均衡。然后由学生自己推荐小组长，老师提出要求：小组长不但自己学习基础好，还要能组织大家一起学习、讨论。

二是合作学习基本策略的实施。学习小组确立后，怎样调动学习的积极性？可与班级的奖励结合起来。小组合作学习表现优秀一次可加10分，特别优秀可加20分，累计50分，小组成员每人就可兑换一面红旗，加到自己的班级评比栏里，作为期末评选的依据。同时，如果小组成员当天被老师累计批评3次（包括课堂学习、家庭作业），就要扣10分。只有将小组成员捆绑到一起，让学生意识到不再是个体的学习占主导，小组合作学习才能走出有效的第一步。

三是培养小组如何进行合作学习。结合具体的课堂活动内容，教给学生合作学习的方法。如借助计算题订正答案，让学生明白小组合作怎样有效率；借助问题讨论，让学生明白要想尽快出结果，小组长的组织很关键；借助简单问题的汇报交流，教给学生上台讲解的基本程序，教给台下学生质疑的本领。

四是积极树立小组合作学习的榜样。如小组长应该怎么做，组员应该怎样参与讨论，当大家意见不统一时怎么办，上台汇报时组员的姿势、语言表达等，这些细节在每次的小组合作学习中都要观察，及时发现做得好的小组和个人，加以表扬，树立学习的榜样，以此带动越来越多的小组学会合作学习。

短短两个多月，我发现孩子们有了很大变化，他们能大方表达自己的观点，上台当小老师有模有样，还会自觉发问："我讲完了，大家还有什么问题吗？"于是，台下提出问题的小手越来越多，生生间自发自觉的互动让老师感觉很欣慰。下面以执教的《三位数除以一位数》为例展示课堂有效小组合作学习的一隅。

学习"三位数除以一位数"时，提前一天发了自学单，让学生先自学。本以为学生有了两位数除以一位数的基础，这部分内容会很简单，所以课堂的设计增加了练习量。但从课堂上孩子们的学习汇报来看，他们对于笔算方法还是有些疑问的，而这些疑问正是学习竖式的重点。这反映出孩子们的学习是基于"真思考"的，所以才能提出"真问题"。

一、自学单的设计

教材的情境图是这样的：

在研读教材的基础上，这节课在重点教学竖式算法的同时，要引导学生经历整理信息—提出问题—解决问题的全过程。特别是整理信息，很重要，这是解决问题的前提，有些学生不能正确解决问题的关键就是信息没找对。所以在设计自学单时，要按照这样一条线，把本节课的知识穿成串，引领学生掌握解决问题的一般步骤。

在梳理信息时是这样设计自学单的：

认真观察教材第53页情境图，整理数学信息并提出数学问题，写在下面。 1.关于燕子风筝的信息：__________，__________。 根据信息，提出的问题是：__________________。 列式解答：__________；用竖式计算：______________。 2.关于老鹰风筝的信息：__________，__________。 根据信息，提出的问题是：______________。 列式解答：__________；用竖式计算：______________。 3.关于孔雀风筝的信息：__________，__________。 根据信息，提出的问题是：______________。 列式解答：__________；用竖式计算：______________。

有了这样的引领，学生整理信息有条理了，有序了，懂得了寻找信息要学会分类，从而便于提出问题和解决问题。通过课堂效果看，学生对于解决问题的步骤掌握得比较好，说明这一设计还是成功的，对学生是有益的。相信学生掌握了解决问题的方法和步骤后，一定会提高学习效率。

二、课堂教学设计

在此基础上，教学设计主要体现同伴互学和教师助学。

同伴互学就是出示问题后，学生小组交流算法（由于课前已自学，所以可以直接小组合作讲算法），然后抽取小组进行全班汇报。在一个小组讲解完竖式算法后，下面同学可以提问，上面小组同学进行解答。遇到解答不了的问题时，可向全班同学及老师求助。

教师助学主要体现在对关键问题的解答，对重点知识的点拨，对每一环节的总结提升。因此，教师助学要穿插在同伴互学之中，这样才能真正实现生生互动、师生互动。

以246÷2为例，有一个小组上讲台讲完竖式算法后，抛出话题："同学们，我们的算法讲完了，你们有什么问题吗？"

生1：2−2下面为什么不写0？

小组代表：因为这道题还没算完，还要算十位和个位，写上这个0不是很多余吗？

另一生补充：0不能在最高位上，写上0就变成"04"这个数了，没有这个数。

生2：为什么不把十位上的4和个位上的6一起落下来，用46除以2呢？

小组代表：因为十位没除完，个位不能着急落下来。

生2不依不饶地继续发问：用46÷2也能得出23啊？

另一生补充道：因为我们学习两位数除以一位数的时候老师讲过，要一位一位地去除，先除完十位，再除个位。

生3：刚才2−2下面不写0，为什么6−6下面写0了呢？

小组代表：因为6在个位上，6−6就算完了，所以要写上0。

生4：为什么把1写在百位上？

小组代表：因为百位上的2除以2得到1个百，所以把1写在百位上。

教师点拨：这正好应了我们前面总结的"除到哪一位就把商写在哪一位的上面"。

从上可以看到，在汇报交流环节，孩子们对竖式的算法提出了自己的困惑，也进行了积极的思考。生生间精彩的对答，映射出的是课前自学的结果。正是有了课前的自主学习，并且是基于有效的自学基础，课堂上才会有充分的交流碰撞时间。我相信，经过这样的学习，孩子们对知识的理解是深刻的，是融入了自己的思考的，学习效果是不言而喻的。在这样的学习过程中，孩子们的收获岂止是三位数除以一位数的知识，他们的语言表达、他们的与人合作、他们的质疑辩论等各方面的能力都得以提升。这样的数学课堂才是我们所需要的，也是孩子最受益的！

原来数感可以这样教

《全日制义务教育数学课程标准（实验稿）》指出："课程内容的学习，强调学生的数学活动，发展学生的数感、符号感、空间观念、统计观念，以及应用意识与推理能力。"数学课程标准中不仅提出了"数感"这个名词，也对此作了说明："数感主要表现在：理解数的意义；能用多种方法来表示数；能在具体的情境中把握数的相对大小关系；能用数来表达和交流信息；能为解决问题而选择适当的算法；能估计运算的结果，并对结果的合理性作出解释。"所以，让学生在数学学习过程中建立数感，是小学数学教师的一项重要任务。在平时的教学中，教师要善于引导学生联系自己身边具体有趣的事物，通过观察、操作、发现和解决问题等丰富的活动，感受数的意义，体会数的表示、交流和应用，初步培养和建立数感。

一、在生活情境中建立数感

生活中处处充满着与数相关的活动，因此，在认数的过程中，要有意识地根据所学内容引导学生走进生活，去寻找数、体察数、感知数，让他们发现数就在身边。如一年级刚开始认数时，可以让学生回家与爸爸妈妈交流，找找身边都有哪些数，自然对数就不陌生了。再如学习数数时，可以一个个地数，可以两个两个地数，三个三个地数，五个五个地数，十个十个地数……还可以正着数，也可以倒着数等。在数数、找数的过程中，学生自然与数有了亲密的互动，不知不觉对数的感觉就有了。

二、在动手操作中感悟数感

对于低年级学生，抽象的数字如何形象化？数感怎样建立？可以通过动手操作，借助直观演示，化抽象为具体，在可视化的思维过程中感悟数感。如教学“11—20各数的认识”时，从一位数到两位数是认识上的一大跨越，理解数位上数的具体意义是难点，那么如何有效突破这一难点，帮助学生理解清楚数位的实际意义？教学时利用好计数器是一绝招：出示计数器，在个位上一个个地数，当数到10以后，想表示11，珠子不够了，怎么办？自然引出十位，并且直观地演示了“满十进一”，让学生真真切切地体会到“十位上一颗珠子代表十，两颗珠子代表二十……个位上一颗珠子代表一，两颗珠子代表二……”接着追问：“为什么同样的珠子代表的数的大小不同？”引发学生进一步思考、观察，发现不同数位上数的意义不同，为后面认识大数、进行数的运算打下牢牢的基础，从根源上明白数表示的意义。计数器的充分运用，增加了学生的学习兴趣，更为重要的是在拨一拨、说一说、想一想多样化的学习活动中，冰冷的数变得有趣了，会说话了，数背后的秘密（数位、意义、大小等）一层层展现在学生面前，而学生对数的感觉就立体、丰富起来，数感就慢慢建立了。

三、鼓励算法多样化

算法多样化是新课改以来提得最响亮的口号之一，课堂也体现得很充分。不过在进行算法多样化教学时，教师往往更关注多样化与最优化之间的关系，容易忽视算法多样化的另一层价值意义：对建立数感的促进作用。在进行“9加几”的教学时，我忽然深刻地体会到：原来算法多样化还可以这么不着痕迹地丰富学生对数的体验！

体验一：我们的凑十法，既可以拆小数补大数，还可以拆大数补小数，总之都是为了凑十。

体验二：为什么要凑成十？有学生就谈到了凑成十好算！能有这样的认识，谁还能说他对数的感悟不深刻呢！

体验三：还可以怎么算？以9+8为例，有学生说“10+8-1=17”，并解释此算法：9差1就是10了，所以先算10+8=18，9+8少了1，所以再减去1等于17。看到9+8，能想到用10+8算，数的敏感度是不是超强了？

所以当我们在引导学生不断思考多种算法的过程中，也是不断让学生增强对数的感觉，帮助他们丰富数感，这样在以后的数学学习中必将受益良多！

作为一名数学教师，首先应该明确数学教学的核心任务是什么，再思考教学中怎么落实核心素养、分解目标，然后在实践中深研教材，细化步骤，稳扎稳打。因此，教无定法，贵在得法，用心做事，才会成功！

求实的课堂才能高效

作为教师，时常思考为什么教师教得很辛苦，学生学得也很努力，但实际教学效果并不理想。静心反思就会发现，课堂教学中有很多无效的或低效的教学行为。故如何提高课堂效率，是教学实践中一个很值得思考的问题。

在一次送教送研活动中，因得到市教研室老师的指导，再加之与当地老师不断交流、碰撞，我对课堂教学的高效性有了一些清晰的认识，那就是剥下华而不实的外衣，实实在在地进行课堂教学。下面结合所执教的一年级《9加几》一课谈谈自己的几点思考。

一、高效课堂应当是平实的

平实，是指在教学中要讲求实在。实实在在地设计教学，实实在在地落实教学目标，实实在在地完成教学任务，不追求表面的热热闹闹，否则会华而不实。

这节课开始便创设了让学生自由报名参加运动会的情境，学生兴致很高，纷纷报名，一时场面热烈。可报名之后却没出现9加几的数目，为了教学需要我只好再作调整。这样的设计自然费时不少，结果占用了后面的教学时间，影响了教学效率。反思这里的课堂教学，当时想的只是单纯创设一种学生喜欢的情境，没有考虑到它的价值何在？我想，情境的创设不只是为了吸引学生的兴趣，更重要的是为高效的课堂服务。后来，教学设计做了如下调整：从运动会引入，师生进行简单的谈话交流后，直接由老师呈现某班学生报名的情况，再由学生发现问题、提出问题。这样的切入开门见山，直奔主题，节省下的时间留给学生进行自主探索，课堂效率自然提高了。

二、高效课堂应当是真实的

真实，即教学要从学生实际出发。教学切不可不顾学生的学习基础，一味迎合新的教育理念而走形式，尤其是公开课、示范课或观摩课，更不能“作秀”。曾有老师们谈论，有的公开课是做出来给听课的老师看的，平时如果这样上课，教学效果肯定得不到保证。可见，课堂教学不能盲目追赶潮流，而失去“为学生的学习着想”这一本真。

课始创设的运动会报名的情境，让学生根据情境提出有关加法的问题，我在自己学校试讲时这一环节进行得很顺利，但到了送课的学校，当提出“根据报名的情况，你能提出什么问题”时，很多学生愣住了，他们不知道什么是问题，不知道怎样提出问题。见此状况，我只好先作示范，再让他们照着老师的样子提出问题，这样就用掉了一些时间，影响了课堂的效率。反思这一环节，老师在备课时只考虑到要突出“培养学生的问题意识”这一教育理念，却忽视了“备学生”

这一根本的问题，从而产生了不必要的麻烦。如果课前老师了解到学生真实的学习状态，再从学生实际入手，根据教学需要设计教学，就会做到有的放矢，从而保证课堂的高效性。

三、高效课堂应当是扎实的

扎实，即指课堂教学要有实际意义。课堂教学要根据已经设计的目标、方法和学生的学习任务而使大多数学生能够学有所得，而不是仅限于少数学生与教师互动，大多数学生充当听众。新课程提倡“自主、合作、探究”为核心的课堂教学，绝不是把课堂完全放手给学生，遇到问题任由他们在一个浅层面上讨论，不能形成统一的认识，教师毫无主导作用可言，这样的课堂是谈不上高效的。

如这节课的主体环节，学生提出问题后，教师选择“9+6”作为解决的主问题，让学生先独立思考用什么方法计算，再借助小棒这一工具把自己的想法摆一摆，然后同桌两人相互说说自己的想法，在此基础上全班反馈交流。这样的设计引发了全体学生思考，每个人都开动脑筋，通过交流展现自己的思维成果。教师应尊重学生的学习差异，提倡他们采用适合自己的方法解决问题，这样的学习过程才是扎实有效的，每个人都会学有所获。当然，在这一过程中，并不是任由学生发表言论，教师就不说了，该讲则讲，如凑十法作为本节课的一个基本知识点还应由教师讲解。不难看出，在探究的过程中把学习的主动权真正交给学生，给他们充分的自主学习、交流的时间和空间，教师再加以适时的点拨、引导，即可保证课堂教学的高效性。

课堂教学是学校教育的主阵地，实现课堂教学的高效是每一教师不断追求的目标，是教学过程的最优化和教育效果的最大化，是师生完美配合的结晶。高效课堂作为一种教学理念，更是一种教学的价值追求。记得看过这样一篇文章：有个记者问一位刚刚上完公开课的特级教师：“你这节课准备了多长时间？”特级教师说：“我只是在上课前十几分钟才知道我所要教学的内容，要问我准备了多长时间，我是用一生的时间准备一堂课。”可见，高效课堂作为教师实现自身价值的舞台，需要在以后的教学工作中孜孜不倦地研究和探索。

如何培养学生的问题意识

美国学者布鲁巴克认为，最精湛的教学艺术，遵循的最高准则就是让学生自己提问题。我国著名教育家陶行知先生也说过：发明千千万，起点是一问。这一问或许就是真理最初的涟漪，它的意义深远。新课程标准要求课堂教学体现自主探究，而自主探究的切入点就是让学生学会提问。教学中，从培养学生“敢问”入手，逐步到“会问”“善问”，在此基础上还要会解决问题。因为在解决问题的过程中，学生获得的不仅仅是问题的答案，更重要的是掌握了数学方法，发展了数学能力。善于发现问题，敢于提出问题，勇于探索问题，是学生具有良好数学素养的一个重要标志。那么怎样激发学生的问题意识，提高提出问题的质量，在解决问题中发展学生的能力呢？

一、学会观察，发现有意义的数学信息

青岛版数学教材的一大特色就是由“情境串”引出“问题串”。即将整个单元的内容串联在一起，借助有趣的素材，引发出一系列的问题，使学生在解决问题的过程中，融入数学课程。所以，学会从情境中发现有用的数学信息尤为重要，这是学生正确提出数学问题的前提。在遇到情境中的信息多而乱时，教师要引导学生学会观察，教给学生有条理、有次序地分类寻找信息，一方面为学生的有序表述作导航，同时也助力学生根据相关信息提出对应问题。

下面以三年级下册“两位数乘两位数”信息窗4为例说明。

这里信息繁多，有关于广告灯、灯泡、彩灯、车辆等的各种信息，教学时教师可以引导学生先把信息分类，理清信息间的联系，再按类别汇报找到的信息。教师分类进行简单板书，如广告灯，29个，每天租金45元；灯条，48根，每根71个灯泡；……相信经过这样的整理，学生很自然地就能提出要解决的数学问题。并且经过这样有序的观察训练，学生就会具备自主发现信息的慧眼，教师也就可以放手让学生自己观察情境图、发现信息、整理信息了。

二、善于思考，提出有价值的数学问题

授人以鱼，不如授人以渔。学生既要敢问、好问，更应该会问。在实际教学中，不难发现这样的状况：当把数学信息找出来以后，有的学生冥思苦想提不出问题，有的学生提出的问题抓不住要领，有的提出的问题太简单没有思维价值……这些都源于学生不会根据信息进行思考。要使学生的问题能问到点子上，问得恰到好处，教师就要教给学生思考的方法，让学生了解可以从哪些方面着手提问，从而把学习过程中有价值的问题提出来。

学习了二年级上册“表内除法”后，教材安排了这样一道题目：

“你能提出什么问题？”

你能提出什么问题？

在学生找出信息后，可以这样引导：

师：根据肉包师傅的信息，仔细观察图，你能提出什么问题？

生：①还要包多少个肉包？

②24个肉包能放几笼？

③还要包几笼肉包？

师：观察菜包师傅的信息，你又能提出什么问题？

生：①一共包了多少个菜包？

②肉包再包多少个能赶上菜包？

师：同学们想一想，你还有不一样的问题吗？

本想到此，这个问题也就解决完了，可一学生又提出了令我没想到的问题：“来了7个客人，每人4个菜包，这些菜包够吗？”在他的启发下，又有几个同学举起了手……如果老师在此不加引导，放手由学生随意提问题，也许很多学生无从下手，不知怎么提问，到底提问什么。所以，在低年级阶段教给学生思考的方法是很重要的。只要引导得当，学生就能有所发现，就能掌握正确的提问方法，从而根据已有信息提出有价值的数学问题。

三、主动探究，引领学生智慧地解决问题

教学要通过自主探索、动手实践、合作交流等有效的数学学习方式，发挥学生学习的主动性，使学生的学习过程成为在教师引导下的

再创造过程，从而达到解决实际问题的目的，使学生在掌握数学内容的同时形成对自己素质发展有促进作用的基本数学思想方法。因此，教学时应充分挖掘教材内容，重视适时渗透数学思想方法，不断拓展解决问题的空间，发展学生的思维水平。

学习了三年级上册“长方形的面积”后，教材设计了这样一个题目。

7. 用36厘米长的铁丝围成几个不同的长方形或正方形。它们的周长一样吗？面积各是多少？算一算，填在表中。

长(cm)									
宽(cm)									
面积(cm²)									

仔细观察一下，你发现了什么？

如果只是填一填表格，这道题目没多少难度。在研究教材时发现，这是一个开发学生智力、引领学生思维向深层次发展的好素材，于是进行了如下处理：

一是布置课前完成。建议：（1）可借助学具摆一摆（会思考的可不摆），然后填一填，注意方法的运用。（2）思考：有什么发现？然后比比看，谁的发现最有价值。

二是课上交流做法。在汇报表格时，出现了两种填法：（1）长和宽按一定的顺序排起来填写，即长 17cm，宽 1cm；长 16cm，宽 2cm；……（2）没规律的填写。让学生先讨论哪种填法好？为什么？学生很自然地就认同了第一种填写方法。

长(cm)	17	16	15	14	13	12	11	10	9
宽(cm)	1	2	3	4	5	6	7	8	9
面积(cm²)	17	32	45	56	65	72	77	80	81

三是讨论发现问题。提问：你有什么发现呢？大多数学生交流时只停留在“周长相等，面积不相等”这样浅层次的结论上，于是引导学生思考：“面积不相等就有大小之分，观察什么时候最大？什么时候最小？”经过讨论，学生发现：当长和宽的差是0时，面积最大，

长和宽的差最大时，面积最小。

四是深层次思考。讨论并没有就此而止，接着提问：你们还有什么疑问吗？短暂沉寂后，新的疑问产生了："是不是所有的图形都具有这样的规律？""面积相等的图形，周长有这样的规律吗？"此时，学生提出多好的问题！当我们为学生合理的猜想而赞叹的同时，真的要坚信学生的潜力是巨大的。试想，如果不给学生提供这样的研究氛围，长此以往学生的创新从何而来？而学生一旦拥有了研究的眼光、思考问题的方式，他们以后的数学学习将会变得更加高效和深入。所以，作为一名数学教师，要积极采取有效策略，促使学生面对实际问题时，能主动尝试从数学的角度运用所学知识寻求解决问题的方法，培养灵活地解决问题的能力。

当然，学生解决问题的能力是受很多因素制约的，但我们认为学生只有主动投身于教学活动中，靠自己去领悟、去发现、去经历、去体验，他们解决问题的能力才会得到发展和提高。所以，我们要舍得把时间还给学生，把学习主动权交给学生，使学生对所学知识感到有问题可想、有问题可提、有问题可议。长此以往，加强训练，循序渐进，定能不断提高学生发现问题、提出问题、解决问题的能力。

教师留白的精彩

教学中我一直信奉一个原则：教师退一步，再退一步，相信学生，学生一定会还你一个精彩的课堂。

在设计《倒数》这一课的课前研究单时，设置了如下一道求倒数的练习题。

3. 怎样求一个数的倒数？以下面的数为例说明。

$\frac{1}{2}$　　$\frac{2}{9}$　　$\frac{7}{5}$　　4

本意是想让学生通过自己的预习，学会求倒数的方法，并进行分类梳理：分数的倒数怎么求，整数的倒数怎么求。因为这个知识点本身较简单，学生完全能借助自己的学习能力掌握。当时就想，有关小数的倒数要不要体现在课前研究单上？如果在研究单上设计，学生在课前就可以进行自主探索并梳理，课上教学会更顺畅；但又思考，那样不是把知识全盘都呈现在学生面前了吗，课上学生会不会缺少自主思考、发散思维的机会？思索再三，我还是决定在此处留白，不设计小数的有关题目，考验一下学生的自主学习能力，看看他们能不能自己想到这一个问题。课前，尽管内心有一些小忐忑，但还是对他们的自学能力、思考能力充满了信心。

果然，课上，当我们交流到“关于倒数，你还有什么发现或提醒的”这一问题时，孩子们的小手纷纷举起。“我还发现了小数的倒数怎么求”“我发现了带分数的倒数怎么求”“我发现1的倒数还是1”“我发现0没有倒数”。这些特殊的问题是本节课的关键问题、难点所在，都没有经过老师的口提出来，全是孩子们自主提出的。孩子们没有让我失望，一个个都想到了，研究到了，我真为他们骄傲！

那一刻，我想说，我希望的数学学习状态出现了，那就是会研究的学习！老师，只是轻轻地抛给他们一根线，学生就编制出了缤纷的数学世界！我为自己的设计而得意，更为孩子们开放的求知状态自豪！我也深深地认识到，永远不要以为自己是一个老师，在学生面前就有多厉害，老师知道的，学生未必没想到。老师真的需要俯下身，和学生认真交流。

总之，教师是学生学习的指导者、参与者、合作者，这三者值得我们好好品味！

在数学课堂中快乐成长

新课程实施以来，在新课标新理念的指导下，教师将数学与生活实际紧密结合起来，把课堂变成数学活动的场所，让学生在生动具体的情境中学习，给他们提供充分参与的时间和空间，然后引导学生独立思考与合作交流，让他们在问题解决的过程中体验解题策略的多样性，感受数学学习的快乐，从而培养解决问题的能力。课堂教学发生了很大变化，这些变化带动了学生学习方式和教师教学方式的改变。下面就从课堂教学中采撷几朵小小的浪花与大家分享。

片段一：一个人坐船太孤单了

在学习北师大版数学实验教科书二年级下册《有余数的除法》时，课本提供了这样一幅情境图。

（1）21个同学去划船，每条船限乘4人，至少要租几条船？

（2）你认为怎样分配才合理？

在教学时，我让学生先独立思考，然后在小组内交流自己的想法，最后全班交流汇报。学生给出了以下三种分配方案：

方案一：4人，4人，4人，4人，4人，1人；

方案二：4人，4人，4人，3人，3人，3人；

方案三：4人，4人，3人，2人，4人，4人。

在汇报时，学生纷纷表达了自己的分配理由。

方案一的学生说："5条船，每条船都坐4人，剩下的一条让队长坐。"

方案三的学生马上反驳说："一个人坐船太孤独了，没人和他聊天说话，所以我们想从别的船上分一个人来和他做伴。"另一个接着补充说："而且两个人还可以轮流划船，不累！"

方案二的学生解释说："我们觉得我们的分配方案最合理，每条船上的人数都差不多，比较公平。"

【感悟】孩子们的回答多么令人赞叹呀！作为一名课改实验教师，我深刻地感受到了课改带给孩子们的变化。我欣喜地看到孩子们不仅仅是需求知识，更注重情感的交流，懂得关心别人、尊重别人。他们在问题解决的过程中充分享受着数学学习带来的快乐！

片段二：假如我是队长

在学习了北师大版数字实验教科书二年级下册《有余数的除法》后，课本练习中出示了这样一幅情境图。

（1）可以怎样派车？

（2）你认为怎样派车比较合理？

根据情境图，我提出了这样一个问题："假如你是队长，你怎样派车？为什么？"然后放手让学生独立思考。在集体交流时，学生给出了以下几个方案。

方案一：3辆面包车，1辆小轿车；

方案二：4辆面包车；

方案三：2辆面包车，3辆小轿车；

方案四：9辆小轿车。

在汇报时，学生纷纷表达了自己的理由。

方案一的学生解释：这样租车，让队长坐着小轿车在前面领路，面包车跟在后面，不至于迷路。

方案二的学生解释：租4辆面包车，会有很多空座位，可以放行李，路途远的话还可以在空座位上休息。

方案三的学生解释：租2辆面包车，3辆小轿车，正好坐满人，没有空余，不浪费。

方案四的学生解释：租9辆小轿车，全部坐小轿车，很公平，而且小轿车坐起来很舒服。

那么你认为到底怎样派车比较合理呢？学生们各抒己见，有的认为"全部坐小轿车太浪费，而且有的人晕车也不适合坐小轿车"，有的认为"租4辆面包车能坐32个人，而现在只有25个人，空座太多，行李可以放在行李架上，不用占空座就行"，还有的认为"方案一不公平，为什么就让队长一个人坐小轿车？应该让老人坐小轿车，那样更好"。

【感悟】从中可以看到，在这样的课堂上，学生不再是呆板地解题，不是为解题而解题，而是把所学的数学知识与生活实际结合起来，他们开始懂得研究数学问题时，要用自己内心的创造与体验去学习数学，通过独立思考建立起自己的数学理解力，而且已经认识到数学与人类生活的密切联系。所以，我想只有这样的学习，才能让学生体会到数学的魅力和活力！

片段三：我有不同算法

北师大版数学实验教科书二年级下册《加与减（二）》这一单元，是让学生在具体情境中探索连加、连减、加减混合计算的方法。其中教材提供了"买洗衣机"这样一幅情境图。

教学时，先让学生看图，说说获得了哪些数学信息？能提出什么数学问题？然后解决"小刚家每月生活费需要980元，每月可以节余多少钱？"学生先估计，再计算，很快算出了答案：786+632−980=1418−980=438（元）。

接着，引导学生猜想：小刚看到妈妈洗衣服太累了，就提议买一台洗衣机。你们估计一下一台洗衣机大约多少钱？学生根据自己的生活经验，有的说"900多"，有的说"1000多"。在学生估计的基础上，抛出第二个问题："如果小刚家想用节余的钱买一台价格是960元的洗衣机，需要攒几个月？"这时，学生纷纷皱起了眉头，思考了一会，便开始动笔列式计算，出现了以下几种做法：

方法一：438+438=876（元），876+438=1314（元），1314 > 960。答：需要攒三个月。

方法二：960−438=522（元），522 > 438。答：需要攒三个月。

方法三：438×3=1314（元），1314 > 960。答：需要攒三个月。

方法四：960÷438=2（月）……84（元）。答：需要攒三个月。

在学生独立解答的基础上，组织全班交流汇报，谈谈自己的想法。

方法一的同学说：我把两个月的节余钱数加起来，还不到960元，就再加一个月的，结果就超过960元了，所以需要攒三个月。

方法二的同学说：我是用减法，用960减一个438，结果是552，我一看552 > 438，所以一共需要攒三个月。

方法三的同学说：我是先估计的，我估计一个月节余400元，大约攒3个月才能买到，所以我就用438×3，因为我在家已经学过乘法了，所以我觉得用乘法好算。

方法四的同学说：我是用除法算的，因为我妈妈教过我怎么算除法了。我想看看960里有几个438。我一算有2个438，还余84，这84元还需要攒一个月，所以合起来一共是3个月。

【感悟】我在为学生们的独特想法、精彩发言而赞叹的同时，也不由得深深思索：这就是我们的学生啊！他们身上所蕴藏的巨大潜能，是我们料想不到的。在学习这部分知识时，多位数的乘除法还没有学习，可他们早已通过多种途径学习到了，并且能自觉地应用在解决问题中。如果教师不给他们创造自主探索的空间，不给他们提供表达、交流的机会，孩子们创新思维的火花就渐渐熄灭了！所以教学中，教师首先应该相信学生，相信他们的能力，尊重他们的想法，并且要适时地创设好问题情境，组织学生积极主动地投入教学活动中。其次，教师要做好数学学习的组织者、引导者与合作者，给学生提供充分的自主探索、合作交流的时间和空间，让学生最大程度地发挥自身的潜能。不难想象，在这样的学习环境中，每一个学生都会成为知识的创造者！

在生活情境中学习数学

《全日制义务教育数学课程标准（实验稿）》指出："学生的数学学习内容应当是现实的、有意义的、富有挑战性的，这些内容要有利于学生主动地进行观察实验、猜测、验证、推理与交流等数学活动。"数学教学要紧密联系学生的生活实际，从学生的生活经验和已有知识出发，创设生动有趣的教学情境，引导学生开展观察、操作、猜想、推理、交流等活动，使学生通过数学活动掌握基本的数学知识和技能。把数学生活化，让学生在生活情境中学习数学，是新课程改革的一个显著特点。

实施新课程以来，在新课标新理念的指导下，我将数学与生活实际紧密结合起来，让学生在生动具体的情境中学习数学，极大地调动了他们的学习兴趣，取得了很好的教学效果。我曾执教的一节观摩课《周长》，其教学设计就充分体现了"在生活中学数学、用数学"的教学理念。

《周长》是北师大版数学实验教科书三年级上册第五单元的第一课时。这部分内容是在认识了三角形、平行四边形、长方形、正方形等平面图形的基础上学习的，其教学目标是：（1）结合具体事物或图形，通过观察、操作等活动，认识周长。（2）在具体情境中，感知周长与实际生活的密切联系，建立初步的空间观念。下面截取这节课中的两个片段与读者交流。

片段一：描一描，说一说

师：同学们，现在是什么季节？

生：秋季。

师：秋天树叶飘落，老师从网上搜集了一些树叶图片，请大家欣赏一下（播放课件）。

学生兴致勃勃地观看，不时发出“啊，太美了”“真漂亮”的赞叹。

师：这些树叶漂亮吗？想不想描下它们的形状来？请同学们拿出印有树叶的纸，从里面选择一种最喜欢的树叶，用彩笔沿着树叶的边线一笔描出它的外形来。

学生动手描绘树叶。

师：谁愿意来给大家演示一下，你是怎么描的？

请两名学生上前演示，并说说从哪里开始描，到哪里结束。

师：看来，不管从哪里开始，大家都是沿着树叶的边线描了一周。请看大屏幕（课件动态演示沿树叶边线描一周的过程），这一周的长度，我们把它叫作树叶的周长。

师：你能描出下面这些图形的边线吗？

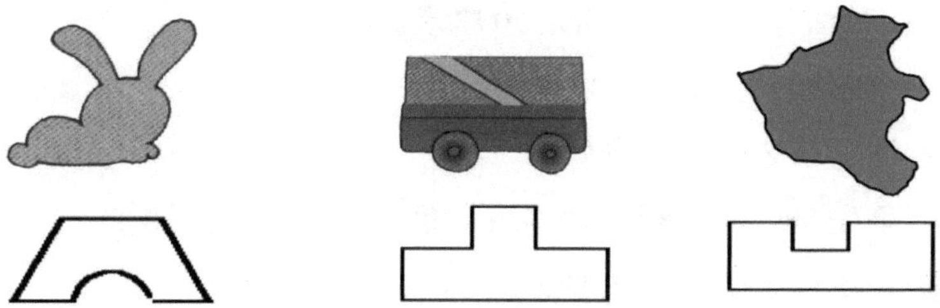

师：请同学们拿出带图形的那张纸，从里面选择一个自己喜欢的图形，一笔描出来。描完的同学在小组里交流一下自己是怎么描的。

师：刚才同学们沿着图形的边线描了一周，这一周的长度就是图形的周长。你能从我们身边找一个例子，说一说什么是周长吗？（活动略）

片段二：估一估，量一量

师：大家非常善于观察。看来周长在我们的生活中无处不在，应用非常广泛。比如，我们去做裤子时，裁缝要量一量我们的腰一周有多长，也就是平时说的腰围。同学们能指一指自己的腰围吗？估计一下自己的腰围大约是多少厘米？

生1：我估计我的腰围是32厘米。

生2：我估计我的腰围是50厘米。

生3：我估计我的腰围是65厘米。

师：大家估计得准不准呢？请与同桌合作，量一量。

同桌两人一组进行测量，老师巡视指导。

师：谁愿意告诉大家你的测量结果？

生1：我的腰围是62厘米。

生2：我的腰围是55厘米。

生3：我的腰围是68厘米。

师：看来大家的腰围在60厘米左右。根据这个结果，估计一下老师的腰围有多少？

生1：我估计老师的腰围是70厘米。

生2：我估计老师的腰围是80厘米。

师：谁来帮老师量一量？

学生争先恐后地去帮老师测量，最后指一名上前测量。

生：我测得老师的腰围是68厘米。

此时估得比较接近的学生欢呼起来。

【片段分析】

（一）创设了与生活密切相关的教学情境

教学应力求从学生熟悉的生活情境出发，选择学生身边的、感兴趣的事物，提出有关的数学问题，以激发学生的学习兴趣与动机，使学生初步感受数学与日常生活的密切联系。

新课伊始，从学生熟悉的树叶引入，先利用课件向学生展示许多漂亮的树叶，让学生在美的感受中产生描绘树叶的欲望。教师及时抓住学生这一心理，让他们动手描一描，在描的过程中对树叶的周长产生初步体验。之后，让学生选择自己喜欢的图形，描一描它们的边线，再从身边找一找生活中的物体，摸一摸它们的边线等，一次次地丰富学生对周长的感性认识。在一系列有趣的活动情境中，让学生把周长这个抽象的概念与生活中具体的事物联系起来，加深了他们对周长含义的理解。

（二）在有意义的生活实践中理解概念

数学教学应从学生的生活经验和已有知识出发，在生动有趣的具体情境中呈现有意义的、富有挑战性的材料，给他们提供充分的数学活动的机会，如观察、估计、测量、比较等，引导学生在生活实践中学数学、用数学。

学习了周长知识，关键是在日常生活中要会应用，所以本节课根据“周长”这一知识在日常生活中的应用设计了量腰围活动。在测量之前，先让学生估测自己的腰围，培养估计意识，然后让学生选用合适的工具量一量，再根据自己的腰围估计教师的腰围，渗透估计教学策略。这个环节极大地激发了学生的学习热情，每一位学生都积极地、兴趣盎然地参与到活动中，在活动中体会到了数学知识的实用价值，加深了对周长意义的理解。

整个教学过程，从学生身边的实物出发，最后又回到了实际生活中，体现了数学与日常生活的密切联系。教师并没有把周长的概念直接教给学生，而是让学生在描一描、找一找、量一量等生活情境中自主活动，自己去感知、去体验，从而在熟悉的生活氛围中学习知识、掌握知识并运用知识。

低年级学生数学学习习惯的培养

著名教育家叶圣陶先生曾说："教育的真谛就是培养学生良好的习惯。"作为一名工作二十多年的一线教师，我深知良好的学习习惯在教学中的重要性。相比知识的学习，习惯应该先行，特别是小学低年级阶段，知识教学比较简单，教师要舍得在学习习惯的培养上花时间。在小学阶段重视培养良好的学习习惯，对提高学生的学习成绩和教师的教学质量都会起到事半功倍的效果。在多年的实践教学中，我主要从以下几方面进行了尝试，并取得了较好的效果。

一、教师树立形象，以身作则

低年级的小学生善于模仿。在小学生的心目中，老师是至高无上的，无论老师说什么、做什么都是对的，都是值得被学习的，所以他们会不自觉地模仿老师的一言一行、一举一动。人们常说"有什么样的老师就有什么样的学生"，这句话从一个层面反映出教师的言行举止会对学生产生巨大的影响。家长经常会从小学生的口里听到这样一些话："我们的老师是这样说的""老师就要求这样做""老师说你说得不对或做得不对"等。所以，作为教师要严格要求自己，时刻以一定的标准检讨自己：该用直尺画横线时我们做到了吗？每个数字的书写是否规范？解题格式是否正确完整？面对学生的回答做到认真倾听了吗？每一份作业是否都认真批改，减少出错率？每一个符号都认真书写了吗？等等。如果教师时时处处严格要求自己，就会在无形中成为学生真正的榜样。

记得刚教学一年级时，我对学生书写数字的要求是非常严格的，用了很长时间在田字格本上练写数字0—9。因为这是数的基础，以后的数都是由它们组成的，而且数字书写不规范直接影响做题质量，如0和6、3和5、1和7等常因书写不规范分不清，很多计算错误因此产生。平时我在黑板上书写时也很注意，哪怕写一个数字，都要工工整整，力求规范、漂亮、整洁，坚持以身作则，让学生在学习中受到潜移默化的影响。另外，做连线题一律用直尺，现在碰到这样的题目根本不用老师提醒，学生都自觉用直尺，已然形成一个很好的习惯了。

二、平时紧抓细节，明确要求

数学学习习惯有很多，如听讲习惯、书写习惯、作业习惯等。良好的听讲习惯包括认真听讲（课堂首先教会学生倾听）、积极思考（不会思考就不会学习）等，还有很多其他细节。学生要养成良好的学习习惯，必须从细节开始，教师在教学中要紧抓这些细节。具体地可以从以下两个方面对课堂听讲进行训练。

（一）课堂要做到“六会”

会准备：课前，要把学习用具准备好，诸如课本、练习本、直尺、铅笔、橡皮等，垫板放到本子里面垫好，所有用具在课桌上摆放整齐，不要等到用什么才开始找什么，那样既浪费时间又影响课堂纪律。刚开始教师上课先检查、提醒，过一段时间小组长课前检查，最后不用检查，学生们都自觉成习惯。

会倾听：要能够认真听老师讲课，听课时双手端放在桌面上，不许放在桌面下的抽屉里，以防做小动作。要会倾听同学的发言，有问题先举手，得到允许再发言，懂得尊重别人，并能对他人的发言作出简短评价，表达自己的观点。上课时要随时抽查某些不注意听讲的同学：你同意×××的观点吗？你能再表述一遍他的说法吗？如果不同意，你能说说为什么吗？以此调动学生听讲的积极性。

会表达：能对老师出示的图片、教具进行观察，并能用通顺的话表达自己的所看、所想，学会对别人没有说完或说得不完整、不清楚的话进行补充说明。特别说明，回答问题时，不管回答的对错都要声音洪亮，切忌支支吾吾。

会思考：遇到问题时先自己动脑思考，会正确表达自己的想法，对不懂的地方能向老师或同学请教。对题目的思考不局限于一种方法，学会尝试一题多解。比如教材提供的情景图往往信息量大，可以训练学生从图中发现问题、提出问题的能力，让学生比比看谁发现的问题多，谁提出的问题更有价值。

会实践：在操作学具时能将学具盒的收放、学具的整理工作在短时间内做好，而且不拿学具当玩具，不在上课时间玩学具。

会合作：能和周围的同学合作、交流、沟通，学会在小组讨论时不乱吵、不争抢，有次序地发言。

另外，还有对书写习惯的要求，那就是做到：数字规范，书写整洁。作业习惯的要求则是：按时完成，保证质量（书写认真、正确率高），养成检查习惯。

（二）做题要养成习惯

首先会正确使用垫板。因为一年级学生在写字的力度上把握不好，往往用劲很大，划破纸张，或者印到下一页，影响美观，所以要求他们做题前先把垫板放在书写纸张的下面。

其次掌握做题方法，培养良好的做题习惯。在做一些类型题时，教师应注意总结方法并教给学生，使其养成良好的做题习惯，这对他们以后的学习来说都是终身受益的。比如做7+6○15，5+9○8+7这类题目时，可以要求学生先将计算结果标注在上面，再比较大小，这样减少出错率，也防止学生不认真思考就乱填。再如“把14、1、9、18、11、13、15、7按从大到小的顺序排列”，学生做此类题时，可以建议他们先从最大的数找起，依次写下来，然后划掉原题中的那个数，最后进行排序，这样就保证了做题时不会发生遗漏、重复的现象。

最后合理规划做题时间，养成检查习惯。刚入学的孩子，注意力不稳定，常常边做边玩，因此在做题时要控制时间，要求他们在规定时间内完成，并教会他们检查。比如经常开展计时口算比赛，可以提高口算的速度和正确率，为以后的计算学习打下坚实的基础。另外，家庭作业建议家长写上做题时间，以此督促学生提高做题效率。做完作业后要求学生从头到尾地检查一遍，有没有题目少做，有没有题目漏做，帮助学生养成检查的好习惯。平时课堂上要求学生做完一道题不要着急举手，要先检查再举手，形成自觉检查的好习惯。

当然，要做好这些细节，教师先要做个有心人，及时发现问题，及时纠正，长此以往，学生良好的学习习惯就养成了。

三、激发兴趣，建立奖励机制

兴趣是学生最好的老师。要让数学学习成为一件快乐的事，对于低年级学生来说并不难。那么如何激发学生的兴趣呢？首先要做能激发学生兴趣的老师，老师上课时要充满激情和热情，激情能让课堂飞扬，热情能点燃学生的想象。当学生说“我觉得这节课很开心、很有趣、很快乐”时，当他们追出教室只为问你一句“明天的数学课还是你来给我们上吗”时……这就表明，在他们的眼中，数学是好玩的，数学课是让人期待的，数学学习是充满魅力的！所以，在这样的课堂上，良好的学习习惯就会自然而然养成！

良好学习习惯的巩固也需要采取一定的措施。小学生都有一颗强烈的上进心，喜欢被表扬，因此可在班级建立擂台榜。为了调动学生的上进心，课堂上能做到“六会”的就发一枚小笑脸奖章，作业能认真完成的奖一面小红旗，累积5个奖章或5面小红旗，就发一个大奖章贴在教室的评价栏里，以此激励学生的学习积极性，帮助他们养成良好的学习习惯。同时，每月进行一次评比，根据获得奖章数量评选“学习小明星”，通过小喜报的形式告知家长，让家长分享学生的快乐，激发学生继续争取评优的愿望。

总之，良好学习习惯的培养必须从点滴做起，需要教师拿出耐心，用智慧持之以恒。因为一旦养成良好的学习习惯，学生学习高效，教师教学省力，便可实现真正的教学双赢。而且，从学生的长远发展来看，好习惯的养成能使学生建立起稳定有效的学习模式，使其受益终身。

高效复习促进学生思维进阶

众所周知，复习课不好上。在上复习课时，要么就是过多的讲解、无数的提问占据课堂时间；要么就是大量的练习，过于追求结果，忽略过程。这样的复习课，表面看容量很大，但是有多少学生真正参与到复习中来？究其原因，不少教师还没真正意识到要把“学会学习”这把钥匙交给学生。那么怎样把复习课上出新意，通过复习提升学生的思维能力呢？

一、复习课的定位——查缺补漏，全面系统，提升思维

如果把复习简单定义为做练习，肯定是枯燥的、不受学生欢迎的，那么复习课要实现什么教学目标呢？从知识层面看，要把零散的知识系统化、全面化，实现查缺补漏的功能。从能力层面看，要学会自主整理、自我反思，实现思维进阶提升。从素养层面看，要浸润学科素养，发展综合素质。

在教学过程中，可借助导图梳理，实现知识的系统整理；在共同构建知识脉络、分层达标练习中，实现思维的逐步进阶和提升；在探寻数学文化的过程中，在当“小老师”的体验中，培养学科核心素

养，实现全面育人。

二、复习课的活动设计——整理有策略，练习有提升

复习课要围绕“整理+练习”展开活动设计。具体说就是通过回顾、梳理、归类，从纵向发展到横向沟通形成知识结构网，对知识的理解就能从分散到集中，就能做到举一反三、融会贯通。同时，教师要精选习题，可选一些有基础性、综合性、挑战性的题目，还可选一些一题多解、一题多变的题目，用于开阔学生思路，拓展学生思维。

（一）整理提升

活动一：课前独立整理，允许形式多样，允许整理差异，主要关注自主整理能力的锻炼和个性思维的展现。

活动二：课上集体整理，学习怎样有效整理、全面整理，这是整理能力的提升；同时，通过集体整理，实现知识的全面复习、重难点的强化，这是认知能力的再提升。

借助整理这一活动设计，调动学生自主学习的积极性，培养自主学习的能力，将课内学习和课外学习有机融合，让学生带着自己的思考与同伴交流，提高课堂实效性，让复习真正发生。

（二）练习提升

复习课除了梳理知识，必要的练习也是需要的。怎样练习才有效？既要保证基础练习扎实，还要安排变式练习、拓展练习，达到提升解答能力的目的。所以，相比新授课来说，复习课的练习更需要分层设计，用趣味性的、挑战性的题目激发学生复习的兴趣。

从练习的形式上来说，数学闯关、数学游戏、数学故事、数学竞赛等都可以根据不同年级、不同内容安排实施。从练习题设计来说，在复习阶段，整理错题、举一反三非常重要。所以，复习课可让学生

先整理重点题，待学生有了自主选择的权利，易错题、困难题、常见题都在他们的整理范围内，再充分发挥他们的学习主动性。挑选题目的过程就是对知识进行分析、应用的过程，这样的学习活动可帮助学生实现从低阶思维向高阶思维的转换。学生搜集好题的收获远比完成机械练习的收获大得多，并且他们去完成同伴设计的题目时积极性更高。到了高年级，学生还可以设计创编题。实践证明，经过这样的训练，学生完全有能力创编出一些好题。试想，如果学生能围绕学习重难点创编题目，他们的学习能力和综合素养就不可同日而语了。

三、复习课的教学策略——让学生站在学习中央

在工作室的研究中，我们一直提倡让学生成为学习的主体，复习课更应该如此。所以在研究复习课模式时，我们以“让学生站在学习中央”为指导理念，活动设计要求教师尽最大可能放手，让学生自主、自导。实践证明，学生是有能力自主整理归纳、互相学习的。在复习课的整理知识环节，先放手让学生自主整理，再通过小组交流、全班分享，归纳完善知识点，自主构建知识网络。在练习设计环节，适时增加学生设计的题目，有些精彩题目当堂完不成，也可以当作课后练习。从课前到课中乃至课后，教师要充分发挥学生的自主性，让学生始终处于学习中心，做学习真正的主人。

当然，让学生站在学习中央，并不是取代教师的作用。教师只是实现了角色的转变，复习课应更加突出教师指导者的作用。教师要利用已有学习资源，拓宽、拓深学生的学习空间，从不同角度、不同层面引导学生作出比较，从而有效地促使学生对自己的学习做出积极的反思与必要的改进，帮助学生实现思维进阶，提升学习能力，发展综合素养。

数学的模样

此刻，坐在电脑前，静心梳理新疆之行发生在课堂上的一幕幕，脑海中冒出了这样两个问题："数学老师应该是什么样子的?""数学教学应该是什么样子的?"这里的"样子"当然不是指表象，而是要能透过问题反映教学的本质，所以我想到了"数学的模样"一词。

数学老师应该是什么样子的？数学本身是抽象的，在某种程度上还是枯燥的。数学老师不一定要有语文老师那优美、诗情画意般的感觉，但一定要有激情和热情。激情能让教学课堂飞扬，热情能点燃学生的想象。正所谓，亲其师，信其道。好的数学老师一定不是传道授业的机器，一定是懂得学生的心理，可以走进学生，成为他们的朋友。在学习中，好老师是参与者、指导者，不是主宰者。面对新知识，好老师想到的是学生会怎样学，喜欢怎样学，而不是怎样教，或者一味灌输。当学生说"我觉得这节课很开心、很有趣、很快乐"时，当学生拿着笔和本子要你的电话号码或者争相和你合影时，当学生追出教室只为问你一句"明天的数学课还是你来给我们上吗"时……他们的眼中，数学是好玩的，数学课是让人期待的，数学老师是充满魅力的!

数学教学应该是什么样子的？数学教学应该是师生互动交流学习的活动场。首先要有吸引学生参与活动的内容，这就需要教师精心设计，而不是照搬教材。其次还需要教师用别出心裁的形式承载枯燥的知识内容，吸引学生注意力，让数学学习变得有趣、有挑战性。往往一个简单的知识点，融入了具体的教学情境，就会变得丰富起来！活动设计好了，若要实施效果最好、效率最高，还需要学生的真正参与。教师与学生乒乓式的学习方式显然是不受欢迎的，只有让学生做课堂的主宰，亲身体验，才会形成属于自己的思考，才能把知识转变为自己的东西。教师不能因为不相信学生就不敢放手，不能因为害怕学生活动时可能会出现混乱就剥夺学生亲自动手的机会，因为课堂完全以教师为中心很难高效。

我想到了吴正宪老师提出的“让数学既好吃又营养”这一理念，这不就是我心中的数学模样嘛！

我还想到了作家张晓风的《我交给你们一个孩子》中的一段话：“学校啊，当我把我的孩子交给你，你保证给他怎样的教育？今天清晨，我交给你一个欢欣诚实又颖悟的小男孩，多年以后，你将还我一个怎样的青年？”

新疆之行，我想说，从现在起，先做学生喜欢的老师，再做出“好吃又有营养的数学日常餐”，数学的模样就会越来越清晰地展现在我们面前！

触摸数学的模样，改变从你我做起！

与你们同行，真幸福

9月，怀着一个梦想，我与你们相约在了一年级的课堂。我在竞聘演说中这样写道：“选择教一年级是为了完成我的一个心愿。参加工作以来，一直想从一年级开始教一批学生直至他们毕业，但事与愿违。今年再次选择从一年级教起，期望能陪伴这批孩子走完六年的小学学习历程，完成我的心愿。”

我是一个追求完美的人，于是我对你们的期望也很高，凡事我总是希望你们能做得更好一些。所以，你们看到的成老师要求总是那么严格，课堂上一个小动作都逃不过我的“法眼”；作业一个数字都马虎不得，更别提不完成作业了；面对课本上的一题多解，休想偷懒，绝不放过思想懒惰者，我总是要求你们方法越多越好……其实这一切，都是基于“爱生心切”，是因为我想让你们养成良好的数学学习习惯，为你们以后的学习打下坚实的基础。

我曾畅想我的学生不一定都是数学高手，但都能把自己的数学潜力开发出来，我希望我的学生都爱数学、爱思考、懂方法、会策略。所以，从一年级开始，我就注重培养你们的学习习惯，无论是一个数字的书写，还是一个问题的解决，我们都认真努力着、探索着。课堂上注重引领你们灵活地思考问题，不断深入地理解问题，引发你们对数学问题形成自己独特的认识，把教材上的知识变为自己头脑中的知识。我就像一名农夫，满怀希望地播下一粒粒种子，期望它们长成一株株幼苗，每天辛勤耕作，时而浇水，时而施肥，时而松土……虽然很累，但快乐着。心中有梦想，心中有希望，心中有追求，老师享受与你们一起成长、畅游数学的过程。

四年了，你们已经从小孩子成长为一个个大孩子了，你们有了自己的思想，所以解题时常常给我一个个惊喜。你们养成了良好的学习习惯，作业能认真完成，书写工整清洁，作业质量很高；课堂上你们敢于提出一个个问题，面对不同的答案，你们不人云亦云，能大胆地阐述自己的见解，很多简单的学习内容因你们而生发出无限的精彩！作为你们的老师，我欣喜地看到你们的成长、你们的变化，为你们的每一点进步感到高兴！我也常常被你们精彩的课堂表现所感染，常常觉得一节40分钟的课很短暂。老师享受课堂上与你们进行智慧交流的过程，枯燥的数学变得那么有趣、有味、有道。

这一切，我要感谢你们，我亲爱的同学们，你们让我觉得做一名数学老师真幸福！让我们一起徜徉在数学的世界里，用数学的眼光、数学的头脑，一起去发现，一起去探索，一起去追寻数学的魅力！未来，相信你们都会成功！

教育从放手开始

最近在看一本关于男孩的家教书，书中谈到了一个观点“给男孩自由创造的空间”，观点虽不算新潮，却引起了我的反思。书中说：“如果你想把儿子培养成参天大树，就要给他足够的成长空间，否则只能把他培养成一盆扭曲的小盆景。”真是一语惊醒梦中人。

在儿子的成长过程中，一方面老人给予了过多的保护和替代，另一方面做父母的我们总是嫌他不够乖、太调皮，所以平时对他的行为多是约束。于是，这样的语言整天充盈在他耳边：“不要乱爬，很高，危险”“不要乱摸，危险”“这个东西可了不得，不能碰”“那里太脏，别去”……这样的教育包办代替的太多，结果儿子变得软弱胆小，不敢去尝试，缺少了那份可贵的探索精神。正如书中所说：“无论您的儿子弄坏了什么昂贵的东西，它都是有价的，而孩子的创造力及创造思维是无价的！”

前天温度突然升高，孩子爸爸把落地扇拿出来，发现轮子罩上的轮毂坏了，只好让轮子暴露并将就着先用。他担心儿子去碰，就严肃地说：“儿子，我告诉你，这个地方绝对不能碰，听到了吗？”“为什么？”儿子不解地问。“你没看到这里暴露在外面吗，很危险！”担心儿子记不牢，爸爸又反复强调了几遍，每次都是一种义正词严的样子。当时儿子正专心地玩玩具，我也不知他是否真如爸爸所愿记住了。由于声休我不能说话，心里在想：“真是一位尽职的父亲，却也是一位不懂教育的家长。”为了孩子的安全，我们这样教育他没错，可如果换一下方式，教育效果是不是就大不同了呢？他可以先让儿子观察：“你发现咱们家的风扇跟以前有什么不同吗？”“想象一下这样的风扇在使用的时候会怎样？”“那我们应该注意什么？”我相信经过这样的交流，不用跟孩子反复絮叨它的危险性，一切皆心知肚明。有时我们把孩子看得“太小”，以为他什么都不懂，就简单直接地告诉他应该这样做不能那样做就行了，实则不然，简单说教的后果有两种：一种是孩子对我们的说教置若罔闻，一种是孩子会在我们的说教中变得很乖、很听话、很顺从，可这样的孩子是我们想要的吗？

教育学生也莫不如此。有些老师在课堂上可谓苦口婆心、喋喋不休、面面俱到，“这里应该注意什么”“这条规律一定要记住了”……真是一位尽职尽责不辞辛劳的好老师，可结果呢，学生学习成果的检测往往不尽如人意。其实道理很简单，我们把本该属于学生自主探索的时间霸占了，看似为他们着想，实则只是一厢情愿。如果我们尊重学生，把课堂还给他们，遇到问题时不是包办代替、简单告诉答案，而是在他们面前“装无知”，启发引导他们自主探究，必要时点拨一下，让他们经历“山重水复疑无路，柳暗花明又一村”的过程，相信这样的结果一定会印象深刻！我不禁想起了陶行知先生的教育名言：“与其把学生当天津鸭儿添入一些零碎知识，不如给他们几把钥匙，使他们可以自动去开发文化的金库和宇宙之宝藏。”所以，教育要从放手开始，给孩子一片驰骋的天空，放心让他们去闯荡，相信他们会给我们一个又一个惊喜！

学习反思

践行新理念，打造新课堂

2005年5月11日—14日，我有幸参加了华东六省一市第八届小学数学课堂教学观摩研讨会。这些课均体现了新课标的理念，让人们感受到了教师在新课改中的成长和变化。参加这次活动，自己感受颇多，也有一些收获和反思。

一、收获与评价

（一）融洽的师生关系，让课堂焕发出生命的活力和光彩

我们常说“以人为本”，课堂上要尊重学生，但在实际教学中做得还不够。教师要从心底里认同学生，真正跟学生平等交流，发自肺腑地赞扬学生、欣赏学生。从研讨会的这些课中，我真切地感受到了老师和学生的融洽关系。他们关注每一个孩子的表现，如一位教师在教《秒的认识》一课时，提问“一分钟可以做什么”，很多学生积极发言，老师却走到一个小男孩的身边，摸着他的头说：“我注意到这个小男孩挺斯文的，先请他来说说吧！”结果孩子说：“我跳绳比她厉害（她是指前面回答问题的一个女生）。”老师微笑着问：“你一分钟跳多少下啊？”“我得过跳绳一等奖。”小男孩自豪地说。“原来你是一个爱运动的孩子啊！”老师赞赏地说。从这一个细节上看，教师注意观察学生的微表情，走进了学生的心灵深处。再比如，进行一分钟能练习时，老师说同学们可以做口算题，可以读文字信息，也可以在纸的背面画画，或者给老师写心里话等。此处，老师没有强制要求学生统一做某事，只是让学生体会一分钟可以做什么，体现了和谐融洽的师生关系。在这种轻松的课堂气氛中，老师给人的感觉也很随意、很自然，不是一板一眼地上课，但教学时又很严谨。如教授《物体的平移》一课时，学生举例说：“汽车奔驰时是平移。”老师就问：“这样表述有问题吗？”学生纠正说：“车身是平移的。”教师再引导学生，得出：汽车在直线奔驰时车身是平移的。这个度把握得非常好。我想只有在融洽的师生关系里，宽松、民主的学习环境中，学生才会对学习有兴趣、有热情，课堂才会焕发出生命的活力！

（二）教材使用得心应手，对教材目标把握到位

这次会议使用的教材版本不一样，教学内容涉及的领域很全面，既有数与计算，也有空间图形，还有实践应用方面的。教师在教材的使用上，首先是目标把握得非常精准，教师把挖掘教材做得很细致、很深入，抓住了教学内容的本质，让学生可以充分感知、体验。其次就是把学习的主动权真正交给了学生，每个问题都是在学生的积极参与、动手、动脑的体验过程中完成的。学生是问题解决的主人，是知识的创造者。学生真正经历了学习过程，教师并不是匆匆忙忙地让学生如蜻蜓点水般走过场，而是让其直观体验、充分感知，在此基础上从容地归纳、概括，让人感觉“水到渠成”。另外，在教学资源的创设和利用上，也体现得很好。在《统计图的复习》一课中，授课教师搜集了大量的资料，如用水量、绿色工程规划、森林覆盖规划等，以此作为教学内容。

（三）重视学生问题解决能力的培养

研讨活动的所有课都从不同的程度上体现了这一点——重视学生问题解决能力的培养。每节课的设计都注重让学生在解决现实问题情境中学习新知识，把解决问题与数学知识的学习融为一体，这很符合新课标的理念。教学不再是单纯为了教某个知识点，而是创设现实情景，让学生提出数学问题，并在解决问题的过程中获取新知识。

（四）尊重学生已有的知识经验，并以此作为教学起点

学生的学习必须建立在认知发展水平和已有的知识经验基础上，本次研讨活动的课堂教学都体现了这一点。如《分数的意义》一课，课始教师直接提问，“关于分数，你知道了什么”，然后再进行教学；《平移》一课，教师先让学生谈谈“你认为平移是什么样子的”，再从

学生的认知基础出发进行教学；《分数的初步认识》一课，教师先问学生“你知道分数吗？你会写吗？谈谈你对分数的理解”，然后再从学生的需要出发进行教学。

二、反思与感悟

（一）学生已有经验和教师引领之间的关系

一节课的教学，不能让学生在原地踏步。如果一节课结束，学生的认知还停留在最初的状态，无疑这就是无效的教学。我们尊重学生已有的知识经验，但教师要引领、提升新知识。怎么引领？怎样提升？引领不是牵引，不能匆匆忙忙地通过个别学生的回答得出结论，学生要经历充分的自主探索和学习的过程。

（二）生生互动的课堂究竟是一种什么样的课堂

课改进行到今天，我们所追求的“生生互动”到底是什么样子的？我认为，应该是思维互相碰撞，能够智慧分享，生生评价。教师在课堂上应该找准“教练员”的位置，而学生是“运动员”，赛场上教师不能急于出手帮助。“球”应让学生互相踢，在他们踢的过程中思维才会互相碰撞、分享。此时的目标就是，培养优秀的“运动员”。同时，教师应具有“裁判员”的素质：掌握评判的标准，眼观六路，耳听八方。此时的目标就是，提高学生的评价能力。

（三）操作活动和数学抽象思维之间的关系

课改以来，教学过程中，我们注重创设数学活动。目前，教学活动增多了，也充分了，但数学课的思维含量有多少呢？数学是思维的体操，但课上我们做得更多的是分一分、摆一摆等，很少“想一想”。有学者说过：我们的教学好像一条鱼，过去我们突出数学的思维（鱼身），现在注重情境的创设及解决问题（鱼头、鱼尾），缺少了“鱼身”的含量。我认为，这些部分我们应该全要，因为数学教学缺一不可。

做一个有情趣的教师

2008年10月30日—11月1日，我有幸跟随县名师考察团参观了莱州双语实验学校、青岛二中、青岛南京路小学。在为这些学校良好的外部环境和现代化的教学设施感叹之余，还发自内心地感慨：在这里学习的孩子多么幸福呀！这份幸福不仅仅来自校园的植物园、动物园、气象站、游泳馆、智慧园、校史博物馆等令人羡慕的活动场所，更来自与国际接轨的教育理念支撑下的教育教学活动。孩子的成长离不开知识的滋养，但知识的学习绝不是孩子成长历程中唯一追求的目标，更重要的是孩子人格的形成、能力的锻炼。在孩子美好的儿童、少年、青年时期，作为教师的我们，应该为他们的成长创造什么样的环境、开展哪些有益的活动以促进他们的身心健康发展呢？学习归来，我一直在思考。

一、追求高效的课堂

虽然这次学习时间很紧张，没有机会听课，但从与学校的交流中可以感受到：学校虽然举行了很多有趣、有益的活动，却丝毫不影响学生的学业成绩。诀窍在哪儿？毋庸置疑，学校的课堂一定是高效的！特别是莱州双语学校的小组合作学习，学生特别受益，课堂效率真不一般。我也曾试图探究小组合作学习，却因一些因素不了了之，听了他们的经验介绍才会知道，“做一事，绝非一日之功”，心中也明确了“成一事，需恒之”，只有美好的计划而不付诸实施、不坚持，就不会成功。如果想做一名优秀的教师，就必须有俯下身来踏踏实实搞研究的韧劲，才能做出成果来。莱州双语学校从一年级至九年级全部采用小组合作学习方式，不同年级段有不同的目标要求，他们分阶段培养训练，最终形成一个系统。低年级阶段主要培养小组学习的基本方法：教会学生倾听、表达、交流，培养小组长、汇报员、检查员等，让每个人在小组内都会有一个职务。在中年级课堂，一节课里有一半时间（20分钟）让学生进行小组合作学习，这个阶段的教师要能及时给予指导。到了高年级，学生合作学习的时间更长，教师讲解时间一般只有10—15分钟。当然，反思课堂教学也不是所有的内容都适合小组合作学习。不过，小组合作学习对教师提出了很高的要求：教师要不断学习，更新教育理念，精钻教材，设计好课。用赵校长的话说就是："一名优秀教师的成长，更多的是在八小时之外。一名成功的教师，应该有无数教育理念在支撑着他的课堂教学，仅限于本学科的研究，永远成不了名师。"所以，我想一名优秀教师必须先武装自己，才能为学生的发展创造更美好的未来。

二、开展有益于学生身心健康的丰富多彩的活动

以活动为载体，促进学生身心全面发展是这三所名校共同的特色。青岛二中王校长在其办学目标中指出，教学要"深化素质教育，造就终身发展之生命主体"。通过参观和听报告，我深深地感受到这些学校的学生在活动中得到了多方面的锻炼，如学生校长助理、学生自治会、周六大舞台、周日社会实践活动、模拟联合国社团等。这些学校的学生入学时每人必须参加一个社团组织，社团由学生自己管理，管理者竞争上岗，教师只起个"副手"作用。再比如，实行班干部轮换制：一学期轮换一次，一名学生至多连任两届，每个学生都有机会参与班级管理；实行值日班长制，撰写班级日志。同时，高年级学生与低年级学生建立结对帮扶机制，定期介绍学习经验，互相帮助，共同成长。青岛实验小学实行的必修课也是活动开展的一个很好的平台，如1—2年级开设的形体课、国际象棋班，3—4年级开设的

轮滑班、陶艺班，5—6年级开设的木工班、漫画班。可以想象，在这些有趣的、有益的活动中，学生的收获不言而喻。

三、做一个有情趣的教师

杨校长做的《走向有情、有景、有思想的境界》报告吸引了我们每一个人，大家听后啧啧称赞。的确，教师绝不应该仅仅是一个教书匠，更应该做一个思想者，一个事业和生活双赢的、有情趣的人。很难想象一个毫无生活情趣的教师会培养出有情趣的学生，所以教师除了要教好学生，还应该把自己的生活打理得有声有色。谁说鱼和熊掌不可兼得？杨校长做到了，用她的话说就是："专业成长成就幸福人生。"当然，我更欣赏的是她的情趣事业：情趣教学，让课堂充满了活力；情趣课程，让成长与快乐同行；情趣环境，让校园生机盎然；情趣德育，让文明从校园起航；情趣管理，做有情趣的老师，培养有情趣的学生。短短几天时间的交流，一个爱笑的充满魅力的女校长深深打动了我们，感染了我们。作为教师，她的情趣教学深受学生欢迎；作为校长，她的情趣课程、情趣环境，无时无刻不在熏陶、感染、激励着学生健康快乐成长；作为母亲、妻子，她的情趣生活幸福美满。我们不禁赞叹，原来一名成功教师的生活是这样多姿多彩，让人羡慕。只要用心工作和生活，轻轻推开一扇窗，我们的世界里便是一束束美丽的阳光。为了学生的健康成长，我们要学做一名有情趣的老师！相信有一份从容淡定的生活态度，一种认真执着的工作精神，我们的人生会更精彩！

追求优秀，一直在路上

2008年7月26日—8月4日，我有幸参加了在山东师范大学举行的山东省第二期农村教师素质提高工程培训，为期十天的培训令我身心受益。这段学习经历，真是既短暂又漫长。说它短暂，是因为对于已很久没参与培训学习的我来说，感到学习的时光是如此之快；说它漫长，是因为作为一个2岁孩子的妈妈，我从未离开他这么久、这么远，我无时无刻不在思念家中的宝宝。但我要感谢这次培训，它让我重温了离别已久的校园生活，零距离感受了大学校园的氛围，可以说我的心情是激动的、充盈的。在这十天的时间里，一节节精彩的报告，让我开阔了眼界，充实了头脑，丰富了知识，更重要的是心灵得到洗礼。作为一名已工作了11年的老教师，我重新审视自己的教育教学行为，反思怎样做一名适应新形势的农村小学数学教师。

一、做一名敬业、乐业的教师

任教授《从敬业到乐业》的精彩报告给我留下了深刻的印象。作为“太阳底下最光辉的职业”“人类灵魂的工程师”，教师这种职业是神圣而纯洁的，她与无私、率真、崇高为友，与利益、虚伪、卑贱为敌。教师职业的灵魂蕴含着职业理想、职业道德、职业情感、职业能力与职业操守等丰富的内容，要求教师要有梦想家的奉献精神、慈善家的博大胸襟、事业家的执着品格。

美好的师魂应具有自我奉献精神。从事教育的教师，尤其是从事基础教育的农村中小学教师，更应以从容的姿态打起精神来，为了国家的兴旺、家乡的振兴，做好奉献的思想准备，拿出敬业、乐业的职业态度，认真执教，关爱学生。身为光荣的人民教师，在实行教育改革新机制的今天，我们应有一种崇高的职业思想境界——不仅要把工作看作一个饭碗、一种生计，更要把工作当作一种事业、一种追求、一种创造乃至一门艺术，凭着这种职业精神来定位自己的人生价值。美好的师魂还应具有宽厚、仁慈、博爱的胸怀。教师对每一位学生都要一视同仁，以慈母般的爱心去呵护他们，尊重他们的人格，关心他们的生活，助力他们健康成长。对违反纪律的学生，要给予包容、信赖、博爱，以欣赏的眼光来看待他们，用放大镜来寻找他们身上的闪光点。教师还要学会动之以情，晓之以理，循循善诱，做学生心灵的朋友，做学生的引路人，用爱心、耐心、信心、恒心为学生撑起一片湛蓝的天空。教师具有了高尚的师魂，就拥有了一种乐于奉献的职业精神，确认了自己人生的核心价值，涵养了博爱敬业的人文品质，闪耀着人性的光辉，哪还会去计较什么得与失、喜与忧。所以，我工作，我快乐；我创造，我幸福；我收获，我自豪。

二、确立自己的研究发展之路

任教授的《教师成长专业之路》报告同样带给了我很多启发。先秦荀子在《劝学》中言："古之学者为己，今之学者为人。"这是什么意思呢？就是说古代人学习是为了提升自己，今天的人学习是为了提升别人。显然，学习的目的不同。那么作为特殊职业的教师，要二者兼具。教师的学习首先应该是提升自己，提升了自己才能够以内化的能力、思想、智慧及人格去影响学生。

作为一名教师，要不断地超越自己，让自己每天都有所思、有所学、有所得。教师的乐趣就在学习之中，在获得精神上的满足之中。每个教师的成长经历都不相同，但是有一点肯定是相同的，那就是一个真正优秀的教师，肯定是一个有认真学习习惯的人。教师要经常写反思，以写带动阅读，以阅读带动思考，把三者融为一体。常思常写能够使人的心思更为缜密，精神更为集中，思维更为活跃，思考方式得到改善，表达能力得到提高。因此，我们要做坚持学习、不断创造的教师，还要做头脑经常有灵光闪现的教师。

三、明确现代小学数学教师应具备的数学素质

付教授做的《现代数学与当代数学教师应具备的数学素质》报告，让我明确了作为一名现代小学数学教师应该从以下几方面努力。

（一）努力提高数学思想水平

作为一名数学老师，需要准确理解课标中的数学思想。即了解数学与外部的联系，强调数学的功能、工具和作用，结合古今中外数学家的成就，对学生进行爱祖国、爱数学的教育，同时正确运用数学思想。教学中要从整体上、系统上深入理解数学发展的脉络，看清数学思想在数学发展中的作用，结合数学理论的应用，强化数学思想的指导意识，了解数学思想在引入概念、定理、法则中的地位和作用。

（二）全面提高教育理论素养

作为一名数学教师，一要了解国内外数学的最新动态，加强数学理论研究，提高数学教学的理论水平。二要能系统地研究古今中外数学史，了解中外数学家的经历、成就及著名定理和方法理论在现代数学教学中的地位和作用。此外，还要加强数学竞赛论的学习和研究，提高自身数学知识、数学思想、数学方法以及较强的解题能力。

（三）着力提升业务素质

首先，要提高数学专业知识水平。精通小学数学教学大纲所规定的全部教学内容，明确与掌握各部分内容的教学要求；对常用数据、公式、法则及定义等做到脱口而出，应用时得心应手；根据教学要求合理编题，具备将有关实际问题转化为数学问题求解的能力。其次，还要根据数学学科特点，重视数学基础知识和基本技能的训练，培养一定的抽象思维能力和严密的逻辑思维能力。

“采得百花成蜜后，为谁辛苦为谁甜？”做一只奉献的蜜蜂，我无怨；做一支燃烧的红烛，我无悔；做一名敬业乐业的农村小学教师，我无怨无悔！

源于热爱，不断追求

为期12天的县小学数学暑期培训结束了。在培训期间，我们或分区域学习，或集中培训，或小组研讨，大家不顾烈日酷暑，不惧路途远近，没有年龄之分，都在用心学习、记录、反思、交流，虽然很累，却学得不亦乐乎！作为培训的一名成员，我被这种学习的浓厚氛围深深吸引着、感动着，感动于青年教师的热情，感动于老教师的执着。我想，之所以积极地利用假期充电，源于我们不愿停止追求的脚步；之所以不辞辛苦地听讲、讨论、写稿，源于我们对这份工作的热爱。

一、一句肯定的话语，一股前进的动力

作为培训团队的一员，需要准备一个规定的话题与大家交流，我负责的话题是“如何培养学生的问题意识”。以前，我们学校做过这类的课题研究，所以手中有一些理论层面的东西，积累了一些研究资料。但我想，参加培训的一线老师可能更需要案例式的研究和成果式的交流，若结合教学实例进行讨论，他们可能更感兴趣。基于这样的理解和认识，我从教学实践的积累出发，用了整整一天时间把平时教学中的有效做法及教学案例进行了归纳和整理。不过由于个人水平有限，尽管做了努力，内心仍忐忑不安，担心自己准备的交流内容深度不够，老师们不感兴趣，听后没有收获。话题讨论那天，当我讲完中场休息时，一位青年教师跑过来热情地对我说：“成老师，你讲的内容最实用了。我们就愿意听这样的培训内容，理论东西我们可以看书学习，但不知道怎么合理运用。您讲的实例，我们容易学，能直接在教学中运用。”这位青年教师的一番话说得我心生惊喜，心里的那块石头终于落地了。作为演讲者，能激起听者的共鸣，便是有效的；我

的话题，得到了老师们的肯定，便觉得成功了。所以真的要感谢那位青年教师，你的肯定给了我前进的动力，之前的辛劳在那一刻烟消云散了。正所谓，工作者是美丽的，追求者是幸福的。

二、专家引领，豁然开朗

关于这次培训的内容和形式，培训组专门召开了多次研讨会，到底采取什么样的形式、穿插什么样的内容，才能使参与的老师们学有所获，且收获最大。最终，我们确定了上午进行教材分析，下午观看专家报告+分组讨论的基本培训模式。真是功夫不负有心人，这一模式第一天就取得了很好的培训效果，特别是专家的报告很受老师们的欢迎，纷纷要求增加看视频的时间。因为这些报告不单单是一个人的讲解，更是在周玉仁、吴正宪等老师的引领下，结合教学案例，分析了新课改以来出现的一些热点教学问题，诸如学生运算技能的培养、估算的价值、估算的标准、小组合作学习策略的指导、教师教学方式的运用、学生自主探索学习方式的理解等。老师们通过听取报告，再分组讨论，感觉原来走极端的问题现在明了了，原来模棱两可的问题现在豁然开朗了。于我而言，困扰在我心头已久的如何培养学生的运算技能问题，在听过专家的讲解后，也找到了良方。

随着新课程的实施，很多老师反映学生的计算能力下降了，原因是没有足够的练习量，没有足够的练习时间。可听了专家的讲解后我明白了，计算能力的提高只靠机械的练习是没有效果的，首先要让学生理解算理。在新课教学中要不惜花时间让学生在自主探究中去“做”，去“悟”，只有真正理解了算理，掌握了算法，再加上有效的训练才能提高计算水平。所以，在计算教学时，教师要把教学的重点放在对算法的探究上，注重学生对算理的理解，对算法的主动建构。这样的教学会对学生以后的学习产生很大影响，因为学生收获的不仅仅是一道题怎么做，还有解决问题的方法、与人合作交流的能力，以及评价质疑的能力等。

短暂的暑期培训结束了，但我们的追求不会停止，就像有的老师在总结发言中所说“这是一个崭新的起点”。相信经过这次培训，每个成员都在跨越昨天的迷惑，超越今天的困顿，追求明天的完美。逝去的12天，对我们来说，是成长路上一道亮丽的风景，心中满怀着激情，处处洋溢着热情，激发了新动力。铭记这种精彩，发扬这种精神，保持这种激情，我们的工作会更加精彩！

直面名师，感受魅力

2010年10月27日晚，我们一行7人坐上了驶向南京的火车，开始了期盼已久的学习之旅。参加的会议名称是第十一届现代与经典全国小学数学教学观摩研讨会，现场有专家的观摩课和专家报告，形式虽简单，内容却很丰富。短暂的三天学习时间，带给大家不小的冲击，以至于过了追星年龄的我们，也当了一次追星族，课间追着与专家老师们合影。

一、观摩课与众不同

走进现场专家的课堂，我们情不自禁地被吸引，因为一切都那么新鲜。很多内容我们都不曾想到，又怎么会运用到教学中呢？专家课堂的每一个教学环节的设计都那么出人意料，让我们不禁赞叹：“太好了！太妙了！”每一句评价的话语都那么有针对性，我们不禁被教授者机智的教学语言所折服。看到台上他们举重若轻的样子，难以想象他们在台下该是下了怎样的功夫。就像华应龙老师说“这个设计是我做梦时想到的”，黄爱华老师说“这节课我上了很多次，每一次都有不同”。那是多么简单的一句话，但蕴含着多么不简单的一种精神。我们拿到教材时首先想的是怎样顺着教材的思路讲出来，他们拿到教材时首先想的是怎样突破教材，两者出发点不同，结果便不同。对于一节课，我们能上出数学味就不错了，而他们追求的不单是上出数学味，还要有文化味。

什么样的课是好课？——好的数学课是学生感兴趣的课，好的数学课是不避讳出现差错的课，好的数学课是引发人思考的课，好的数学课要体现数学的本质，好的数学课是情感自然流露的课。

二、报告精彩纷呈

以往只要说听报告，就会做好“一只耳朵听，一只耳朵冒”的准备，毫无意义，因为报告往往理论性太强，形式呆板，让人提不起兴趣。但这次专家的报告却令我们大开眼界：刘德武老师的《根据学生需求设计教学内容》报告，说理时有理有据，让我们认识到原来数学练习可以这么有趣，生活中的数学资源原来那么丰富，只是我们缺少了发现的眼睛、思考的脑筋。华应龙老师的《走自己的路》报告指出，“我们的教学不是为了建构学科体系，而是为了学生的终身发展服务”，“走自己的路，不是让别人无路可走，而是让别人走得更好”，这是怎样的一种教育情怀！贲友林老师的《发现学生》报告，结合自己十几年的赛课经验，对自己的教学行为进行了深刻反思，使我不禁赞叹他的细心和用心，尤为欣赏的是他对学生的这一观点：长长的路，慢慢地走。每个学生都是一个独一无二的个体，数学教学要做到的就是让每个学生在各自基础上得到尽可能大的发展，不关注走得快不快，而是关注走得远不远。

除此之外，我觉得北京师范大学的钱志亮教授和天津市的徐长青老师都是演说家，他们的报告语言风趣幽默，语调抑扬顿挫，声情并茂，表情丰富，“嘴上功夫了得”！当然，最主要的是因为他们“肚子里东西多”。现场报告赢得了听者的阵阵掌声，会场笑声不断，虽说报告时间很长，但没有一人早退场，因为大家都被他们精彩的演讲深深吸引着。

三、激情成就梦想

回忆三天的收获，远远不止这些。专家们对教材独特的视角，对教学独到的见解，是我一时半会学不来的，他们成熟高超的演讲能力，也是我求之不得的，赞叹、羡慕之余，我不免思索要从他们身上学习什么。会议休息期间，我购买了华应龙老师、黄爱华老师、贲友林老师的书，翻看他们的教学随笔，一种深深的感动涌上心头。打动我的不仅是他们对教学的痴迷，我想在他们光鲜的背后，他们付出了怎样的努力？是他们几十年不变的教学情结！是他们对课堂深深的迷恋！正如华应龙老师所说："我的年历上没有星期天，没有节假日，有的只是一天五六个小时的睡眠，更深夜半，烛泪将尽，常常是和衣而睡。一觉醒来，踏踏步，暖暖身子，继续看书……沉浸在教育教学的王国。"黄爱华老师在介绍自己的成长之路时，有这样一段文字："我迷恋办公桌，确认那是我的安身立命、可以朝夕与共的地方。没有了它，我就没有了一切，就没有了魂。所以我把我自己留给了办公室，把整个人交给了校园的深夜。我时常在茫茫的夜色里，一句句练习课上要启发、点拨、解惑的每一句话，似一个在夜里喃喃自语的'疯子'……"读到这些文字，我们不难理解"不付出，哪来的智慧"？他们的成功，源于努力奋斗的结果。也许我们做不出他们那样的成绩，但我们要认真地对待每一天，认真地对待每一项工作，认真地思考每一个问题。

世界上有一种美丽叫认真，相信有这种美丽的伴随，我们也能在平凡的三尺讲台上演奏出属于自己的多姿多彩的教学乐章。

学习与反思同行

三天的县级研修培训结束了。虽然时间紧、任务重，但从大家的精神面貌看，学习充满了激情。这几天，脑海中一直回荡着这样一句话："舍得舍得，有舍才有得。"是啊，我们牺牲了休息的时间，收获了很多宝贵的资源。从培训现场的案例分析中，明白了说课、讲课的流程和模式，感受到了年轻教师精益求精的学习精神；从专家的报告中，困惑已久的问题得以豁然开朗，感受到了特级教师的学者风范；从分组讨论交流中，感受到了老师们的真诚和执着。不分区域、不分年龄，积极发言、踊跃参与，时间总在我们的意犹未尽中悄然而逝……收获的不仅仅是学科知识，更有感动和情意。研修让我们成为教学路上的朋友，回忆研修过程，点点滴滴涌上心头。

一、因这群人而感动

本次培训主要以案例剖析的形式展开，即观课—议课—评课，培训的老师先集中观课，然后分成四个小组交流，最后集中反馈。我负责其中一组的讨论，一开始有些担心，因为老师们彼此不了解，担心讨论时放不开，不能充分交流，那作为组织者的我怎么办呢？可是我的顾虑很快就被老师们的研究热情打消了。令我惊喜的是，不同乡镇、不同学校的老师汇集在一起，毫无距离感，一本小小的数学书拉近了心灵的距离。每个人都开诚布公，认真地交流，说优点、谈不足，各抒己见，心无旁骛。时而就某一环节展开讨论，时而就某一问题争论不休，毫无保留地把自己的所思所想与大家分享。在这样的氛围里，年轻教师虚心请教，有经验的教师不吝赐教，每个人都那么认真、那么投入，几次我想开口发表自己的看法都因不忍心打断他们而欲言又止。在我们的研修成员中，既有校长也有普通教师，既有刚入职的青年教师也有年长的教师，但无论是谁，无论何种身份，大家的目标只有一个：研修、学习、提升！身处这样一群执着追求、精益求精的人中，怎能不被打动！感动于他们不畏酷暑、不惧路途、不断学习的精神！学无止境，研无止境，让我们一起努力！

二、好课再认识

什么样的课是一堂好课？相信每个人心中都有不同的标准。听了专家的报告，我很欣赏叶澜教授所说的“一节好课，应该扎实、丰实、充实、真实、平实”，十几个字，简单、精辟。万变不离其宗，无论课改怎么改，教材怎么变，好课的标准都离不开这几个“实”字。一节好课，应该是有意义的课，有生成的课，有效率的课，同时是有待完善的课，更是常态课。所以，要想上出一节精彩的课，目标是关键，精彩在生成。

教学目标是一节课的灵魂。如果教学目标不明确，那么这节课无论怎样包装，如何形式多样，都失去了意义和价值。如果目标过高，学生的学习效率很难提高；如果目标过低，学生可能毫无收获。所以，教学目标的确立要依据课标、教材、学生的认知基础等各方面，也只有在对教学内容整体把握、全面理解的基础上才能确定合适的教学目标。因此，教学目标的确立是关键，只有以切实可行的目标作支撑，教师的教学活动才是有效的。

课堂是动态的，因为教学的对象是一群活生生的人。所以同样的教案，不同的执教者上出来的效果可能完全不同。照搬特级教师的教学设计却上不出他们的精彩，那是为什么呢？原因就在于优秀的教师能及时抓住课堂的生成，让课堂因师生的智慧碰撞而熠熠生辉！“生成”两个字看似很简单，做起来却不容易。如果没有平时的日积月累，没有精心的预设，就很难有精彩的生成。只有课前周密地策划，心中有备案，课中才能以不变应万变！

三、走近特级教师

观看了两位特级教师华应龙、黄爱华的课例后，很受启发。以前听过两位教师的多节课，也看过他们的多篇课例，每次都被他们的课堂深深吸引，欣赏他们课堂上的挥洒自如、机智幽默，更欣赏他们独具匠心的教学设计。同样的内容，他们总能上出别样的味道；同一节课，他们每次都给人以耳目一新的感觉。在感叹他们身上独有的大师风范时，我们不禁思索：他们为什么能设计得那么巧？那么精？上出来的课为什么那么专？走近他们才明白，只因他们“爱课堂是那样深”！

每每听特级教师的课，往往赞不绝口，那种震撼强烈冲击着我们的大脑，同时我们也会认为对他们而言上一节课简直就是“小儿科”。殊不知，华应龙老师为创设教学中一个合适的情境可谓几易其稿，连做梦都在思考，以至于最后的情境就是由梦中而来。这样的痴迷怎能不令我们敬佩！黄爱华老师备课时把学生可能出现的状况一一罗列，并一一备出对策，详细的教案令我汗颜！我们只见他们台上的潇洒，却不知台下的付出！好课是怎么来的？我找到了答案：好课是深思熟虑、千锤百炼而来的！

所以，当我们将目光聚焦在别人台上的光鲜时，更应多多关注他们台下的付出。当我们感慨自己没有他们那么高的水平时，不要忘记每个人都是凡人，没有人是一朝成名，更不会腾空而起。脚踏实地，一步一个脚印，相信成功就在我们的前方！

与优秀同行

为期10天的国培结束了，回首过去给大家的感受是：紧张而有序，忙碌并收获着。这次学习，正如杨宝忠教授在开班仪式上所言：

“培训是一面镜子，一扇窗户，一个平台。”我想，通过这面镜子既可以看到自己的不足，也可以看到别人的长处，从而取长补短；从这扇窗户，可以看到自己不知道的世界，从而开阔视野；在这个平台上，可以尽情释放自我，积极学习和交流，重新找回做学生的感觉，享受教育的幸福！

一、专家观点精彩纷呈

这次培训汇集了北京、天津、福建等地的专家，每个人都有自己独特的教学风格和教育观点，或深入浅出，或有理有据，或风趣幽默，或大气磅礴，他们个性鲜明的教学风格和广博的学识令我们由衷地佩服，这也开启了我们寻求专业发展的心扉。一名优秀的教师不应只是掌握学科必备的知识技能，更应该关注学生的身心健康和全面发展，即教师既要教书又要育人。回味专家的报告，我在思考：如何在教学中真正走进学生的心灵，真正尊重学生的发展所需，实现以生为本？

新的课程标准特别提出了要培养学生的创新意识，这给一线教师很多的教育启示。报告中，范博士说“没有问题便没有创造”“没有个性便没有创造”。长期以来，我们的孩子习惯了被动的接受式学习，即便开展自主学习也是在教师一步步引领下开展的。这样的教育没有真正调动孩子们学习的内驱力，没有发挥孩子们的自主性，他们的头脑中也就不会产生问题，没有问题便不会主动思考，没有主动思考也就没有了创造力。

范博士提供的一幅画面引起了我们的思考：假设一群充满个性的孩子走进校园，出来后都被模式化了，整齐划一。这是多么可怕的现象啊！这不禁让我想起了作家张晓风的一段话：“学校啊，当我把我的孩子交给你，你保证给他怎样的教育？今天清晨，我交给你一个欢欣诚实又颖悟的小男孩，多年以后，你将还我一个怎样的青年？”作为学校、作为教师，我们是不是反思要为学生做些什么？我想尊重儿童，就应该拥有一颗博大的胸怀，接纳各种不同性格的孩子；尊重儿童，就应该俯下身耐心倾听每一位孩子的发言；尊重儿童，就应该心中有多把尺子，为每个孩子找到适合他的标准；尊重儿童，就应该想他们所需，允许他们的思想天马行空……总之，尊重儿童，就应该为他们创设一个安全、温暖的心理环境，让他们能尽情释放自己的个性，敢想、敢说、敢尝试，创造力由此而生！

二、名师课堂简约不简单

早就听闻徐长青老师的大名，第一次听他的课是在江苏南京“现代与经典”的全国会议上，具体的课题名称我已不记得，但他本人的魅力给我留下了深刻的印象。这次参加国培，有机会近距离观摩徐老师的课，那份印象愈加深刻了！正如听课老师所言：笔记都记不下来，大到环节的设计，小到每一句话，到处是精彩，处处流淌着智慧的碰撞。在徐老师的课堂上，孩子们不仅可以学习数学知识和数学技能，更重要的是可以积累丰富的数学活动经验，发展数学思维。短短一节课，徐老师能融合很多东西，悄无声息地将教育思想渗入孩子们的脑海中，真叫一个绝！徐老师在课堂上的那份激情、那份投入，深深感染着我们，也影响并带动着孩子们。在他的课堂上，孩子们那么兴奋，时时爆发出一阵阵快乐的笑声；孩子们那么投入，积极参与每一次课堂活动。我想这样的数学课哪个孩子会不喜欢、不向往、不留恋？在这样的数学课上，孩子们积极地动脑思考，争先恐后地表达自己的观点，快乐地学习着！徐老师的课既没有精美的课件，也没有烦琐的教学具准备，孩子却学得不亦乐乎，理解得深刻透彻，可谓简约课堂不简单！

三、感性与理性有机融合

多年来，一直致力于打造阳光般的课堂，创设学生喜欢的课堂，从数学学科本身出发做了一些尝试，也总结了点滴经验，却从未想过将数学的理性与语文的感性相融合，会产生怎样的效果。直到听了苏明强教授的报告，他提出“语文与数学的有机融合”，我才眼前一亮！苏教授指出：语文重在以情带知，培育感性之情。数学重在以知怡情，培育理性之怀。语少数时难于深入，此乃理性之美；数少语时难于生动，此乃感性之妙。世界万物阴阳相融，刚柔和谐统一。语文数学教学相鉴，课堂焕发魅力。细细品味短短几句话，字字明理。我们倡导学科整合，这不就是最有力的说明吗？数学本就是抽象、枯燥的，如果用优美的文字表达出来，融入一定的趣味性，渗透相关的数学文化，将感性东西赋予理性之外并加以融合，数学课堂是不是也可以变得有滋有味、精彩纷呈？试想一位拥有文学素养的数学教师，知识面广博，上起课来妙语连珠，做起事来充满激情，学生怎会不喜欢！心中有学生，眼中尽数学，处处是思想，语数相融合，这样的数学教师营造的数学课堂定会焕发迷人的魅力！

这也不禁让我想起钱守旺老师说过的话：“一个教师看得多远，他的学生就会走得多远；一位智慧的教师才能培养出智慧的学生。”所以，我愿做一位智慧的教师、一位看得远的教师，带着这份梦想与学生起飞，相信路就在前方！

原来数学可以这样教和学

2015年7月暑假，怀着一份期待，踏上了去上海的学习旅程。此次培训活动的主题是“聚焦3.0版小学课程改革，展示最新课改成果”，再细看活动名单，有大学教授蔡金法、上海名师潘晓明、全国名师吴正宪、清华附小汤卫红等，汇集了一批教育名家，这样的培训规模和层次怎能不吸引我们的眼球！

短短三天的学习很快就结束了，总有一种意犹未尽的感觉。坐在台下听着名师们对教育教学的独到见解，既有高瞻远瞩的教育理论，也有接地气的教育故事，讲课时他们或陶醉其中，或萌发新的想法。这些都让我感觉，原来学习是那么快乐的事！

如今，一本教科书打天下的时代已经结束。事物的结构决定事物的性质，即结构变性质变。一个通过变革课程结构改变教育现状的时代扑面而来，改革的先行者们以过人的勇气和见识，为我们展示了3.0版课程改革的绚烂前景！第九届“新经典大讲坛”围绕“重建课程”这个主题，邀请国内及海外教育精英，全面展示国内外最新的、以结构变革为主导的小学新课程实验。这令人不禁感叹：原来，数学可以这样教和学！

一、怎样做教学研究

研究，正在走近一线教师的身边。那么一线教师怎样做研究呢？来自成都的游琼英老师和杨薪意老师给我们做了很好的示范。她们的研究根植于课堂，注重平时积累，从教学实践中发现问题，从小处着手。教师平时就要做教育、教学的有心人，处处留心观察，多思考、多反思，善于发现工作中的问题，总结自己的教学经验。比如，有的学生解决数学问题时总喜欢用一种方法，缺乏从不同的角度、不同的思维提出不同的解决问题的方案，教师就可以把这种现象当作一个研究课题：学生为什么不会一题多解？然后做这样的思考：仅仅是因为他的智力问题吗？仅仅是因为他的个性问题吗？有没有受其他心理因素的影响？等等。如果从研究的眼光去和学生交谈，先调查一下，再作一些个案分析，可能就会发现学生习惯用单一方法解决问题的原因有很多。还可以进一步反思：小孩的求知欲很强，他们对世界充满了好奇，满脑子里都是问号，那他们为什么不能在课堂上提出不同的解决问题的策略？为什么在课堂上选择沉默？这也是问题。于是，教师又可以提出一个研究课题“小学生数学问题开放性研究”，其目的是开发学生思维的广度与深度，培养小学生解决问题多样性的策略。

研究问题的同时要注意积累教学案例。一堂课、一个教育活动、一个教育情景、一次师生谈话、一个精彩的教学细节等，都是教师第一手鲜活的案例。案例研究是在真实的教育活动中发生的典型事件，是围绕事件而展开的生动的教育故事。我们在撰写教育案例研究时除了描述事实外，更重要的是透过事实与现象，从教育理论层面进行反思，提升自己的教育实践水平。

二、怎样实践数学阅读

在新课程背景下，小学数学阅读的理性回归已经成为小学数学教学亟须关注、思考和探索的问题。数学阅读的价值取向是数学阅读的归宿，有效的数学阅读能够发展学生的思维，提升学生的数学素养。在教学实践中，教师应提供拓展性材料让学生体验数学阅读的乐趣，感受数学阅读的作用，并以此作为数学阅读的起点。同时，以“多种策略提高解读教材能力、掌握方法提高审题能力”的数学阅读教学策略为主线来培养学生的数学阅读能力。

清华附小的汤卫红老师为我们解读了他们学校的数学阅读实践，但由于时间有限很多内容未能展开，只是一掠而过，总感觉不够畅快人心！简单总结一下汤老师学校的做法，可以从最基础的三步做起：一是提供材料，让学生体验数学阅读的愉悦；二是多渠道延伸，让学生感受数学阅读的作用；三是课外讲座，拓展学生对数学阅读的兴趣。

另外，山东樱轩实验学校的雷皓老师为我们带来的“数学绘本课程的实践”也很精彩。数学绘本为我们打开了学习数学的另一扇窗，让学生在读、写、绘的活动中充分感知、体验、创造，数学不再是枯燥的、冰冷的，而是有温度的、有美感的、有生命的！

三天的学习时间转眼即逝，其间有烈日暴晒，也有大雨滂沱，学到了很多，感悟了很多。心动不如行动，下一学期初选准研究点，扎扎实实做好研究，我想才真的不虚此行！

践行知行合一

2017年11月27日—12月2日，青岛市教科院组织青岛市名师工作室主持人及成员共88人，赴杭州参加培训。在杭州运河旁，一场混合式学习以“5+2”的方式展开。说混合式，一是因为学员由青岛市中小学幼儿园各学段组成，二是学习内容跨学科、跨领域，是大融合。5+2，是指五个白天，两个夜晚。这样特别的学习，给我留下了不一样的感受，有对心灵的撞击，也有和心灵的呼应。开班仪式上，周培植院长“我们为何而来？我们为改变而来”的声音不时从内心响起，那么学习怎样才算真正发生？正如刘力教授所言，关键是看学习后的内化和外显。老子云“天下大事，必作于细”，让我们先定一个小目标，从改变一点做起吧！

一、做一个有生活情趣的人

教师，首先应该是一个“全人”，这是本次学习最触动心灵之处。师者，不仅仅是答疑解惑者，而应该努力成为一个全面发展的人。除了术有专攻，提高专业领域的学科素养外，还应该拥有更宽广的视野范围。数学教师也要读文学历史哲学美学方面的书籍，看教育领域以外的世界，学促进左右脑协调发展的艺术课程……涵养内在精神，追求真善美的统一。正如盛群力教授所言：以内养外，以外表内；内外协调，表里贯通。教师要努力成为有深厚文化基础、有更高精神追求的人。生活不只有眼前的工作，还应该有诗和远方。多一点生活的激情，多一点生活的宽容，多一点生活的情趣，因为我相信一个有生活情趣的人，工作也是快乐的！

二、做一个让教学有趣、有料的教师

施光明教授的报告《教师专业成长与精神修炼》虽不长，却字字珠玑。施教授认为，教师专业成长的过程，不仅仅是一个经验、水平、能力不断成熟的过程，也是一个理想、道德、责任不断提升的过程。作为一名教师，在专业成长过程中，我的教育理想也在不断变化，今天的我想让数学学习变得有趣、有料。

有趣，对于小学数学来说尤为重要。怎样做到有趣？从学习内容上说，低年级可以引入游戏教学、故事教学，中高年级可以借助教学问题的设计来达到“趣”的目的。从学习方式上说，课程整合也为数学课堂打开了“有趣之门”。一旦将枯燥的数学知识融入科学实验、绘画、音乐等教学活动中，趣味便大增。通过听教授们的报告，我还领悟到了“有趣”的通用路径——充满无限魅力的教学语言。它可让枯燥的理论变得妙趣横生，带动学生思维的积极运转。所以，一位优秀的教师首先应该是一位语言大师，可用精彩的语言牢牢吸引学生；一位优秀的教师还应该是充满激情的教师，能用自己的激情感染学生，带动学生全身心地投入。就如任为新教授举例电影《异乡琴恋》中的那位音乐教师，欣赏音乐时传达给学生的不仅有声音，还有表情的变化、身体的舞动。可见，会讲、会演，课堂就会增趣很多！

有料，指向教师的教学设计。怎样才算有料呢？我的思考：一是要能引领学生进行深度学习，思维进行深度碰撞。那么深度学习如何发生？要从学生学习方式的转变开始，从教师教学理念的转变开始。二是教学效果要关注学生综合素养的提升。我们知道，只会知识搬运的教师是会被淘汰的，所以要反思我们的教学到底应该教给学生什么？显然，我们要增强学生学习的能力，发展他们的综合素养。

三、做有行动力的工作室主持人

工作室的成立，对自己是一种压力，同时也是前行的动力。余文森教授说，工作室主持人也应该成为一个学习者。特别是通过本次学习，我发现自己在很多领域的知识很匮乏，所以接下来我会把自己的所学所思与工作室成员进行交流，在以后的工作室活动中围绕几个方面进行学习研究，共同进步。

首先，关于工作室的目标定位，受“差异教育”办学理念的启发，要让不同教龄、不同层次、不同特点的教师找到自己的生长点。进入工作室的每一位教师都有自己的教学特长，主持人的引领作用之一就是帮助他们更好地扬长避短，尊重他们已有的经验积累，进行自身升华，让教育梦想拥有更多自由。另外，工作室要营造一种怎样的教研氛围？既然进行研究，就要认认真真，努力研究出成果。同时，积极搭建展示平台，让年轻教师在工作室中快速成长，比如在合适时机举办专场展示，可以是一堂课、一场报告、一次名师引领，也可以是一次媒体宣传、一本成果集等。

其次，是读书。读书不仅局限于读本学科本领域的书，还应该博览群书，使视野更广一些，因为教师的视野决定了学生的视野。另外，读书还要落到笔头上，落到头脑中。落到笔头上就是做读书摘录、读书笔记，落到头脑中就是进行读书交流、读书论坛等活动。

再次，以研究的方式做常态化教研，且日常教研要学术化。我们可以让教师把课堂教学新理念转化为新行为——课型研究，架起理论与实践之间的桥梁。工作室要确立课题的研究课型，围绕“小学数学活力课堂的研究”，把课型环节细化、规范化、落地成果，并用“七好”评价课堂教学，即运用好教学语言，营造好课堂氛围，把握好教学节奏，管理好教学任务，安排好答问展示，导评好学生表现，生成好现场资源。“人薄课薄，人厚课厚”，这告诫我们在教学研究的路上唯有不断丰富自身，才能上出一节节厚重的课。

这一次学习打开了认识世界的一扇窗，于是新的风景涌入视野，产生新的思考和行动。那么日复一日的工作怎样才能不乏味？我们要把教育人生当成一种有创新意识的研究人生，学无止境，研无止境。学习、反思、实践，才能让学习真正发生，做到知行合一！

遇见天长的美

2017年11月27日—12月2日，“青岛市教育名家培养工程高级研修班”在杭州开班。历时一周的学习，让我们领略了浙派教育的风采。特别是到杭州市天长小学参观，给我留下了深刻印象。

一、用心

用心处处皆学问。天长小学硬件环境的基础色调是蓝色，所以走在校园里，墙壁有蓝色，地面有蓝色，天花板有蓝色，窗帘是蓝色的，书架是蓝色的……浅蓝、天蓝、湖蓝、深蓝，让人感觉特别舒服、干净和清爽。相信孩子们在这样的空间里学习，身心都很愉悦。另外，天长小学还充分利用了每一处空间，让墙壁说话，楼梯上、墙角里都进行了很好的设计，布满了很多知识和荣誉。

二、尊重

尊重孩子的身心发展规律，培养阳光少年是天长小学留给我最最深刻的印象。课间，孩子们从教室里跑出来，能感受到他们身心真正的放松，个个朝气蓬勃，阳光快乐。上课铃一响，又迅速欢快地跑回教室。那一刻，我听到了几乎一致的评价：“这才是真正的课间，孩子们多快乐！”看到这样的现象，不禁引发我深深地思考：究竟应该秉持什么样的教育理念才能让孩子们健康快乐成长呢？

尊重的另一个体现是学校理念“差异教育”的落地，从外在说没有统一的校服，从内在说有很多不同的实施策略，比如每周二下午走班选课，打破班级年级的界限，这是对孩子个性的尊重。在这些课程里，天长小学有一门六年级学生选修的木工课引起了大家的格外关注，另外著名语文特级教师蒋军晶带领的群文阅读课“有一间”也很火爆，深受学生们的欢迎。由此想到，我们学校倡导的经典阅读也是很有益的。

三、坚持

天长小学具有90多年的历史，这期间无论教育改革浪潮如何涌动，学校一直坚持做一件事情：差异教育的研究。所以，天长小学走出了浙江省，走向全国，直至承办了国际差异教育研究大会。这么多年能够不被其他因素左右，回归教育的本源，坚持以人的发展为出发点，坚守教育梦想，让人由衷地敬佩！我们学校提出的“新公民”建设体系，如果坚持做下去，相信也一定会取得不错的研究成果。

四、磨砺

天长小学建校以来，出了16位浙江省特级教师，其中不乏如蒋军晶般闻名全国的特级教师。学校致力于教师个性化发展路径的探究，制定了从青年教师到高端教师的系统化发展路径，为每一位教师的成长搭建各种平台，即每一位走进天长小学的青年教师都要经过不断的赛课、听评课、岗位交流等。正如时任天长小学校长所言：“研究就要研究出名堂来，日常教研就要学术化。”正是有了一套完善的培养机制，加上个人的成长需求，该校成就了一批又一批优秀教师。

强大的师资队伍，给我的感触很深。苏霍姆林斯基有一条建议：“如果不想使天天上课变成一种单调乏味的义务，那就应当走上从事一些研究的这条幸福的道路上来。”所以，如果我们能从学校提供的信息技术、思维导图、新的教学模式等这几条研究路径中选择一条适合自己的，再用读书助力，相信我们的教育人生就会变成有创新意义的研究人生。

天长的美，不仅是因为它在西湖边，也不仅是因为蓝色童话城堡般的校园，更是因为它有坚持的魅力。因为坚持，它实现了内外兼修，成为一所有深厚文化基础、有更高精神追求的学校。做人亦如此，只要不断地挖掘内心潜力，持之以恒地做下去，定会遇到更美的自己！

怎样做数学教师

初识“悦远”，很偶然，已忘记是通过何种方式了解到有这样一场小学数学盛宴，只记得很高、大、上：高容量、大密度、上档次。每一次参会，主题不同，内容不同，但都会令我们眼前一亮，脑洞大开。2018年4月11日，工作室一行4人满怀期待地来到上海，参加了第十届“核心素养”背景下小学数学“创意课程与教学”研讨会。这次活动指向图形与几何领域，既有专家报告的引领，也有名师课堂的展示，还有数学魔术的实操练习，主题聚焦，内容丰富，形式多元，收获满满。

一、培养学生的问题意识

无论是专家的报告还是名师的课堂，都让我们感受到问题意识培养的重要性。反思日常教学，我们能做到几分？如青岛版教材的特色之一是问题口袋的设计，我们平时教学是否充分利用了这一设计呢？课堂上，我们注重引导学生观察情景、提出问题，但是否注重提出有价值的数学问题呢？课堂上，我们的目光是聚焦在知识点的教学上，还是知识点背后数学本质的探究上……在平时的教学中我们也能做到有效提问、诱导发问，但往往缺少对关键问题的连环追问，而这恰恰是及时引领学生进行深度思考、高阶思维的绝佳时机。所以，教师的学科素养很重要，正如曹培英老师所言："培养学生的问题意识，这是对教师的挑战，是对教师智慧的考验。"也如张宏伟老师所言："教师是教学中最重要的因子。从某种意义上讲，教师怎么样，学生便怎么样，学习便怎么样。"

二、应从学生的需要出发

我们的教学应该从何出发？教学从一定意义上说是教师引领着学生进行学习，我们的服务对象是学生，那就应该从学生的所需出发展开教学。所以，教师应该把好脉，找准出发点，学生已经学会的不再重复教学，学生需要学会的要重点教授，不能为了满足教师的自我需要而自欺欺人。真正的学习是学生的学习，也是师生共同成长的学习。由此我想到了，工作室研究的课前研究单，就是了解学生学习基础的一个很好的载体。从中我们可以清楚地看到，学生在学习这部分知识时什么是已懂的，哪些问题还需要教师点拨，从而教师可以有针对性地开展教学，让教学聚焦学生的真问题。从这个意义上讲，一位好老师是会引领学生走向远方的，脚步虽未至，心却已达。

三、让课堂重现静悄悄

新课标提倡的学习方式是"动手实践、自主探索、合作交流"，实际教学中往往更注重学生的合作交流，忽略了自主探索，削弱了学生独立思考的地位，课堂过于追求表面的生动、热闹，教师害怕课堂静下来。其实课堂只有静下来，才能让学生大脑集中精力思考，也只有在充分独立思考的基础上，才能保证合作交流的有效性。如果自己的想法都没成形，怎么跟别人有效交流呢？曹培英老师的报告中指出，要确保两个静悄悄的常规时段：学习新知时的独立思考和当堂的巩固练习，这对我们当下的课堂是一个很好的提醒。

苏霍姆林斯基曾说："教室里一片寂静，学生都在聚精会神地进行紧张的思考。教师要珍视这样的时刻，课堂上应当经常出现这样的寂静。”探究学习的实质是在思维层面，即个体在面临问题或困惑时，能积极主动地对问题进行反复的思考和探索。有问题或困惑存在，学生能积极主动地参与思考，并能得到教师的适当指导，这就构成了探究学习的核心要素。因此，探究学习不是一种外在的活动或程序，而是一种内在的精神品质。所以，无论采用何种数学教学方式，课堂教学所追求的不是“发言热闹的教室”，而是“寂静思考的课堂”以及“相互用心倾听的教室”。

四、理想课堂的模样

参加这次会议之前，我心目中的数学教学是这样子的：数学教学应该是师生互动交流学习的活动场。首先要有吸引学生参与活动的内容，这就需要教师精心设计，而不是照搬教材。其次需要教师用别出心裁的教学形式，以丰富枯燥的教学内容，吸引学生注意力，让数学学习变得有趣、有挑战性。活动设计好了，怎么实施效果最好、效率最高，还需要学生的真正参与。只有让教学以学为中心，让学生做课堂的主人，学生才会有体验，才会形成属于自己的思考，才能把知识转变为自己的东西。

会议结束之后，我突然意识到自己的视野太窄了，还只是聚焦在怎么学数学上。一位优秀的教师应该既教书又育人，那么怎样实现学科育人？那就需要有一种大数学观：数学教学不应该仅仅是学科知识的教学，中国古代优秀的传统文化、国内外数学大家的精彩言论都应该内化为教师的素养，然后在适当的教学时机、恰当的教学节点适时抛出，潜移默化地渗透给学生。就这样日积月累，学生的人文素养就会得到提升。课上教师关注的不仅仅是学生的学习表现，还有情感体验、合作交往能力等，一节数学课因此变得有血有肉，丰富立体。教师要心中有学生，眼里有学生，小心呵护每一颗心灵，无论对错都应尊重他们。因为数学学习不仅仅是提高学生的学习力，还要为未来社会培育新公民。

每一次学习都是打开一扇窗，欣赏教育名师的风采，同时也是与自己内心对话："今天，我该怎样做数学教师？"在发问中不断探索，慢慢走向心中理想的课堂……

向着心那方出发

加入"齐鲁名师"工程人选这个队伍是一种缘分。它曾经距离我那么近，又那么远，时隔多年，得以圆梦。2019年7月，怀揣梦想，相聚石岛，开启第一次集中培训。在这里，遇见了优秀的团队伙伴，聆听了领导的殷切叮咛，享受到专家高屋建瓴的引领，于是心灵碰撞的火花引发了我的点滴思考。

一、强信念

开班仪式上的动员讲话，让我深深意识到，要成为一名名师，首先要有家国情怀，要有坚定的理想信念。走上教师这一岗位，就要履行立德树人的职责，要教好书，先教好人。"学高为师，身正为范"应当永远铭记在心，努力争做"四有"好老师：一是争做先进理想信念的传播者，二是争做具有高尚道德情操的示范者，三是争做扎实学习的领跑者，四是要做有仁爱之心的践行者。

二、炼真功

入选名师后，我就在思考：名在哪里？从专家的报告中我找到了方向——名在教学，名在课堂。名在教学，我们就要做课题研究，实现从经验型教师向专家型教师的转变；名在课堂，我们就要进行课堂改革，完成从教书向育人的转变，真正实现立德树人。

课题研究怎么做？王建军教授的报告给了我很多启示。细细回味，教育科研并不神秘，它就发生在日常教学中，只要我们具有了研究的意识，多一些思考，课题随手拈来。作为一线教师，要以研究的方式做常态教研，将日常教研学术化，而课题研究就是理论与实践之间的桥梁。

打造什么样的名师课堂？学生主体，学情主导，教师助推。边听边思考边梳理，我对高效课堂的认识有两点：一是要能引领学生进行深度学习，思维进行深度碰撞。深度学习如何发生？既要从学生学习方式的转变开始，也要从教师教学方式的转变开始。课堂上给学生多一些时间和空间，大胆放手，相信学生的能力，欣赏学生的表现，尊重学生的选择，鼓励学生的成长，这有利于引领学生进行深度学习。二是教学效果关注学生综合素养的提升。学生在自主学习状态下，发展的不仅仅是获取知识的学习能力，还有与人交往的能力、语言表达的能力、正确评价他人的能力等，这样综合素养就在自然中得到提升。

三、修素养

教师，首先应该是一个“全人”，这是本次学习触动心灵之处。师者，不仅仅是答疑解惑者，而应该努力成为一个全面发展的人。除了术有专攻，提高专业领域的学科素养外，还应该拥有更宽广的视野范围。数学教师也要读文学历史哲学美学方面的书籍，看教育领域以外的世界，学促进左右脑协调发展的艺术课程……涵养内在精神，以内养外，以外表内，内外协调，表里贯通，努力成为有宽厚文化基础、有更高精神追求的人。生活不只有眼前的工作，还应该有诗和远方。多一点生活的激情，多一点生活的宽容，多一点生活的情趣，相信一个有生活情趣的人，工作也是快乐的！

人们常说“最美的风景在路上”。石岛之行，开启了新的征程，向着心那方出发，我会遇见美好！

经验共享，幸福前行

在教育的辽阔天地里，每一分耕耘都孕育着希望，每一次交流都散发着温情。回顾与凝视二十多年的教育征途，更像是一次心灵的对话与智慧的撞击。我与学生一同探索充满活力的课堂，追寻高效学习的方法；与家长一同解析数学的奥秘，掌握学习的秘诀；与同仁一同钻研数学的真谛，探寻成长的路径。

在此，我将教学实践、团队建设、课题研究中的所思所感，化为文字，与每一位热爱教育、追求卓越的朋友共赏。我深信，只要我们心怀热爱，勇于探索，乐于分享，就一定能在教育的道路上幸福前行。

经验分享

创造阳光般的课堂，让学生快乐成长

时光荏苒，岁月如梭，一晃间，我已工作二十余年。回首往昔，从站上讲台的那一刻起，爱心与责任就驱使我要做一名好老师。为了成为一名好老师，我全身心投入，一路奔跑，从未停止片刻。二十多年的探索，我始终追寻充满生机和活力的课堂，课堂是我和学生共同成长的舞台。在这个舞台上，

二、开放学习，为学生插上飞翔的翅膀

教学是一门创造性的艺术，数学学习是一种创造性的思维活动，所以只有相信学生才能创造精彩。在平时的教学中，教师可以尝试五大开放策略，即开放学生的眼睛，提供观察的机会；开放学生的嘴巴，提供表达的机会；开放学生的头脑，提供思考的机会；开放学生的双手，提供操作的机会；开放学生的空间，提供表现的机会。因此，给学生充分的思考空间和一定的自由度，鼓励学生大胆设想，赏识他们与众不同的见解，肯定他们花样百出的做法，课堂才能成为自由创造的空间。

三、学为中心，让课堂充满生机和活力

我很喜欢萧伯纳的一句话："我不是教师，只是一个你可以问路的旅伴。"只有教师适时地"退"，才可能让学生站到课堂的中央，实现真正的以生为本，以学为中心。在教学中，教师要坚持问题由学生提，疑难让学生解，方法让学生悟，思路让学生说，错误让学生析；同时，注重创设生活情境，引导学生提出问题，并主动参与到问题解决的过程中，然后通过观察、操作、独立思考及群体讨论交流，获得数学知识，真正让课堂"活"起来，学生"动"起来。对于一个问题，还要多追问几个问题："谁还有不同的想法？""再仔细想想还可以怎样算？""你还能提出哪些数学问题"等，尽量多地创造机会让学生主动参与到学习中，体会数学的魅力和活力。

四、创新作业，还学生一个五彩斑斓的世界

数学既来源于生活，又应用于生活。数学教学就是要让学生通过学习发现数学与生活的密切联系，从而主动地从数学的角度去解决一些实际问题，感受数学的价值与作用，培养数学应用意识。新课改实

施以后，结合所学内容，可以设计开发一些有趣的作业，如数学日记、数学论文、数学故事、手工制作、小小设计师、小调查等，将数学学习融入生活，让学生一方面体会数学与现实世界的联系，另一方面感受数学学习的价值，从而树立正确的数学观。这些富有个性色彩、充满趣味与创造的作业，可满足不同学生的学习需求，激发学生学习数学的兴趣，促进学生的全面发展。

五、给学生一片天地，让教学成为个性化的教育天空

如何让学习真正发生？首先应该相信学生，相信他们的能力，尊重他们的想法。所以在课堂上，教师要还学生一片自由学习的天地，让学生感觉无拘无束，可以自由地表达自己的想法、自由地交流、自由地辩解、自由地发挥。也就是说，教师要做数学学习的组织者、引导者与合作者，给学生提供充分的自主探索、合作交流的机会，让学生最大程度地发挥自身的潜能，使课堂成为个性化的教育天空。这就是我心中理想的教育王国。在课堂上，学生不再是为了解题而解题，而是把所学的数学知识与生活实际结合起来，开始自主研究数学问题，用自己内心的创造与体验去学习数学，并通过独立思考提高自己的数学理解力。

多年的教学实践让我理解了数学的内在价值，我由一个曾经不太喜欢数学的学生成长为一名热爱数学教学的老师，并深深地恋上这个舞台。课堂是师生共同成长的地方，也是我和孩子们灵感迸发、激情荡漾的乐园。新的教育教学观使我认识到，一位优秀的教师要激活课堂的生命活力，让课堂成为涌动活力、张扬个性、活跃思维、提升智慧的地方；一位优秀的数学教师要让每一个孩子感受到数学学习的有趣和有用，在数学学习的过程中迎接挑战，感受成功，获取知识……"创造阳光般的课堂，让每个学生都快乐成长"是我的愿望，也是我为之奋斗的目标。为了心中的梦想，我定会且行且思，一路追寻！

掌握方法，高效学数学

新的学期，将迎来新的学习内容。拿到新的课本，同学们一定充满期待，正如教材编写的大朋友所言："一个个精彩纷呈的情境等待着我们去领略，一串串数学问题等待着我们去探索。让我们一起走进这有趣而充满挑战的数学世界吧！"翻开目录，可以看到，青岛版五年级上册数学教材共七个单元、一个智慧广场、两个综合实践。在这七个单元中，第一单元"小数乘法"、第三单元"小数除法"、第四单元"简易方程"、第六单元"因数与倍数"，是数与代数领域的知识；第二单元"对称、平移与旋转"，第五单元"多边形的面积"，属于图形与几何的内容；第七单元"折线统计图"，属于统计与概率的知识。

通过刚才的浏览，我们会发现有些知识是第一次出现，比如简易方程、因数与倍数，而有些知识是以前学习的延伸，如多边形的面积，对称、平移与旋转。那么怎样学好这些知识呢？

一、善于运用知识的迁移，实现自主学习

随着年级的升高、知识的积累，我们会发现，其实有很多新知识都是旧知识的延伸。所以通过迁移学习新知识，是一个很重要的学习方法。那么什么是迁移呢？迁移就是通过新旧知识之间的联系，找到共性的部分，让旧知识为新知识服务。

比如，在学习整数乘法之后，学习小数乘法时，我们就可以迁移整数乘法的算法，而后发现小数乘法的竖式形式、乘的顺序以及积的位数确定等都和整数乘法的运算规则一样。掌握了小数转化为整数的基本方法后，对于小数乘小数、小数的混合运算以及简便运算等都可以通过迁移的方法学习。

再如，学习"2、3、5的倍数特征"时，都属于探究规律，学生

都会经历“动手操作—观察发现—举例验证—得出结论”的学习历程，所以这里也可以进行学习方法的迁移，即在老师的引领下学习完“2、5的倍数特征”之后，学生可以运用同样的探究路径，自主探究“3的倍数特征”。更重要的是，当学生掌握了这样的学习本领后，学习就会变得很轻松。

通过刚才的分析不难发现，知识的每一次发展都是建立在原有知识基础上的，如果能找到知识的迁移点，新知识的学习就是一件比较简单的事情。这就是我们常说的“举一反三”和“触类旁通”。

二、注重沟通知识间的联系，建构知识网络

数学知识之间是紧密相连的，所以在学习时要主动建构各个知识点之间的联系，多比较、多思考，发现隐藏在知识背后的本质问题，使知识脉络变得清晰明了。比如，学习完小数乘法和小数除法后，我们就可以做一个横向比较，看看两者之间有没有共同之处？（如图）

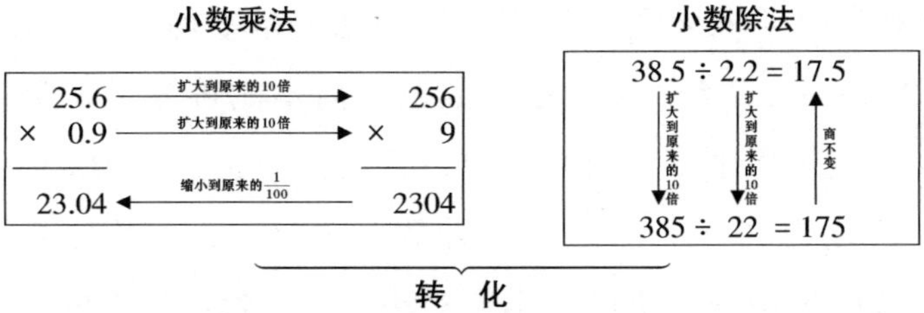

通过横向比较，我们发现它们虽然学习内容不同，但算法有相通之处。小数乘法和小数除法都是转化成整数乘除法再进行计算的，所以转化是两者的共同之处。

再纵向比较，整数乘除法和小数乘除法有什么本质联系？（如图）

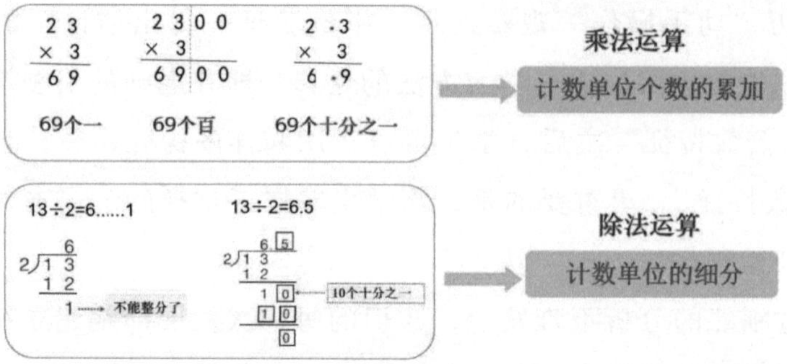

我们举例来看：先看整数乘法运算，如23乘3，得到的结果表示69个一，因此23×3的结果是69；2300乘3，先用3去乘23，得到69，而这个69表示69个百，所以最终的结果是6900。再看小数乘法中，2.3乘3，我们知道小数乘法的计算方法是“先按照整数乘法计算，最后根据因数的小数位数确定积的大小”，这里的23表示23个十分之一，23乘3是69，这个69表示69个十分之一，因此最终的结果是6.9。从这里我们可以体会到，小数乘法跟整数乘法的计算道理是相通的，都是在算有几个这样的计数单位，也就是计数单位个数的累加。

那么除法运算呢？我们知道除法的意义是平均分。在低年级时，计算13÷2=6……1，余下的1在整数范围内不能再分了，学习小数除法后，我们发现原来不能再除的可以继续除下去，因为1个一可以继续细分，转化为10个十分之一，计数单位化小，个数增多，就可以实现再一次的平均分。所以，小数除法与整数除法运算的本质也是一致的，那就是计数单位的细分。

这样通过横向、纵向比较，沟通了知识之间的联系，让原来孤立的、单一的知识变得立体、丰富，我们的学习就走向了深入。

三、感悟数学思想方法，掌握解决问题的策略

数学学习不只是数学知识的学习，感悟数学的思想方法、积累活动经验、掌握解决问题的策略同样重要。通过前面的学习，已经积累

了不少数学思想方法，如迁移、转化、猜想验证等。在本学期的学习中，我们会经常用到“转化”思想方法。

第一单元“小数乘法”，就是把小数乘法转化为整数乘法进行研究。同样，第三单元“小数除法”，也用到了转化思想，把小数除法转化为整数除法进行探究学习。第五单元“多边形的面积”，研究平行四边形、三角形、梯形、组合图形的面积时也要用到转化思想。以平行四边形的面积为例，首先我们从生活情境中提出数学问题“这块玻璃的面积是多少平方米”，引出怎样求平行四边形的面积；然后借助已有的知识经验提出猜想“平行四边形的面积等于底乘高还是底乘邻边”，有了猜想就要借助学具图形进行验证，那么用什么方法验证呢？（如图）可以数方格，还可以借助我们学过的长方形的面积计算，即把平行四边形转化成长方形来求解。经过剪、拼，我们把平行四边形转化成长方形，并从中发现两个图形之间的关系，从而推导出平行四边形的面积公式是底乘高。

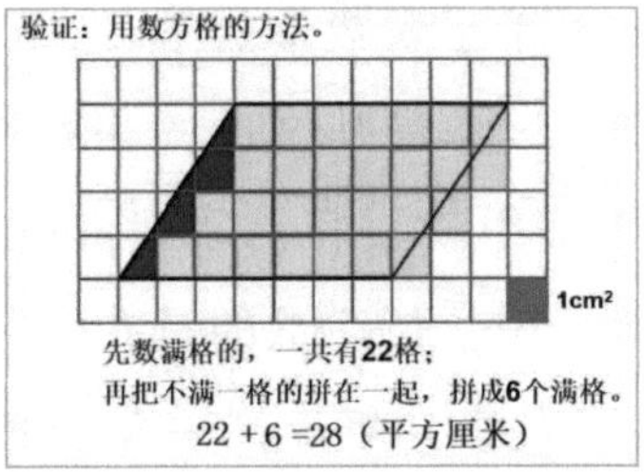

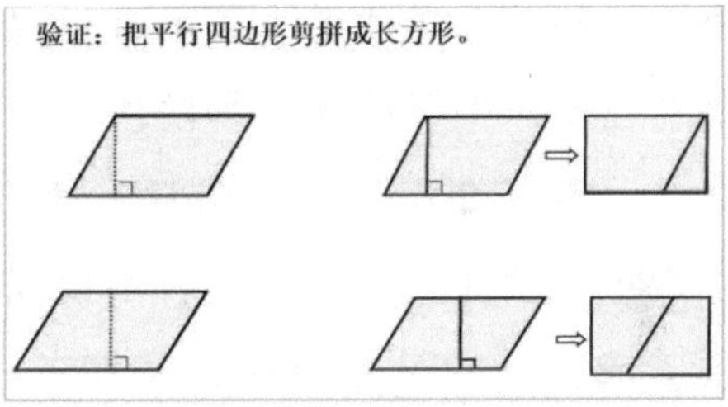

在整个探究过程中，转化思想贯穿始终。一开始数方格的验证中，我们把不满格的拼成满格的长方形数一数，这里面就有转化思想。然后把平行四边形剪拼成长方形来研究面积的计算方法，这也是转化思想的应用。教材第五单元的信息窗1研究平行四边形的面积公式，我们把平行四边形转化成长方形来推导计算公式。信息窗2是三角形的面积公式推导，可以把三角形转化为平行四边形进行研究。信息窗3是梯形的面积公式推导，可以把梯形转化为平行四边形或三角形进行研究。在此基础上，信息窗4组合图形的面积计算就简单多了，只要把组合图形进行割补，转化为已知的图形，就可以轻松计算出面积。可见，转化思想在本单元的应用非常广泛，可帮助我们找到新旧图形之间的关系，推导出多边形面积公式。另外，在探究图形的面积计算公式时，都会经历“转化图形—寻找关系—推导公式”三个步骤，这样的探究方法也适用于对其他图形面积的探究。故在学习中要注重学习方法的积累，因为随着学习知识的增多，积累的活动经验都可以拿来为新知识的学习服务。

所以，数学并不难，也不神秘。在学习的旅程中，只要掌握了学习方法，具备了自主探究的能力，就能轻松高效学好数学。

养习惯，启思维，育素养

经常有家长朋友问我，该怎样辅导孩子学习数学。虽然我不是家庭教育方面的专家，但是对于数学教学确实积累了一些经验，在积淀和提炼的基础上形成了个人的教学主张。对于小学数学的学习，首先不要卷在知识中，因为小学阶段的数学知识，单纯从结论的获得看非常简单，有些知识不用在课堂上学习，生活中就很容易掌握。所以，小学六年要学什么？很显然，不仅仅要学知识，更注重的是在学习过程中养成良好的学习习惯，掌握各种学习方法，培养自主学习的能力，全面发展数学素养。

2022年版义务教育课程标准中指出，数学教学的总目标就是“三会”：会用数学的眼光观察现实世界，会用数学的思维思考现实世界，会用数学的语言表达现实世界。这给我们的启示是：数学与生活是密切相连的，不能脱离实际学习枯燥的数学；数学是讲道理的一门学科，不能只会解题不会讲原理；数学的核心是发展思维，不是死记硬背、机械套用公式。所以，对照课程标准的要求，小学三个阶段的大致分工是：低年级养习惯，主要培养数学眼光；中年级启思维，开始用数学思维思考现实世界；高年级育素养，包括“四基四能”的形成等。当然，这只是每个阶段的重点，不是绝对割裂的，它们是相辅相成、融为一体、互为促进发展的。

一、帮助孩子养成良好学习习惯

好习惯，益终身。低年级是孩子养成良好学习习惯的最佳时期和关键时期，所以要重视良好学习习惯的养成，把它作为教学的首要任务，舍得花时间训练，用耐心培育好习惯。数学学习习惯有很多，如听讲习惯、书写习惯、作业习惯等，都要从低年级开始培养，从细节上严格要求。

（一）听讲习惯

听讲习惯包括两个方面：一是认真听讲（这是最重要的一个学习习惯，课堂首先要教会学生倾听），二是积极思考（思考是学习数学很重要的一个习惯，不会思考就不会学习）。具体来说，总结为课堂六会。（如图）

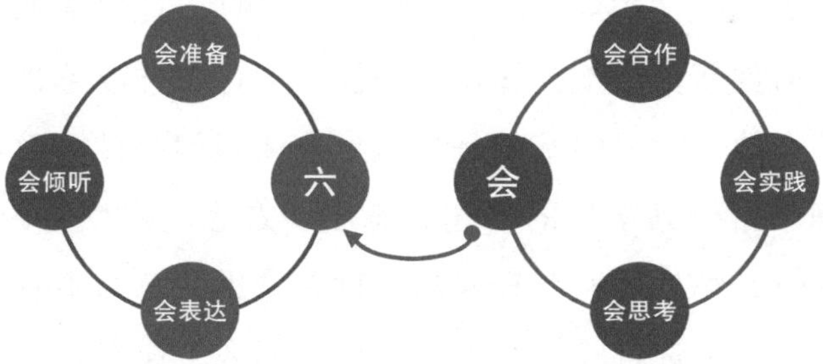

（二）书写习惯

良好的书写习惯包括两个方面：一是书写认真、规范，作业整洁、干净。特别是初学写数字时，一定要求到位，为以后学习打好基础。二是一次性写好，减少涂改。刚开始在田字格本上书写，等写好了再在横格本上书写。家长在家辅导孩子做作业时注意配合，让孩子养成一次性写好的习惯，尽量少修改。另外，如果发现写一遍不行可写两遍，直到养成良好的书写习惯。

（三）作业习惯

良好的作业习惯包括两个方面：一是按时完成，保证质量；二是有错必纠，认真分析。对学生的要求是：按时完成作业，不拖拉；专心做作业，不能三心二意；书本和作业本保持整洁，不乱涂、乱撕等。对家长的要求是：要用心，多观察，勤提醒，及时纠正。关于作业习惯的第二个要求，错题纠正是个需要重视的问题。对待错题要有正确的态度，只有认识到错题的重要性，才能认真对待，而不是敷衍了事。拿到错题，先要分析错在哪里，然后再改正，认真改正才会有收获。

二、抓住计算能力的培养这一根本

新的课标提出了四基“基础知识、基本技能、基本活动经验和基本数学思想方法”，这四个方面是相辅相成的。其中基础知识是一切的基础，任何创新都离不开知识的积淀，无论怎样改革都不能忽视基础知识。那么数学学习的基础是什么？毫无疑问是计算教学，小学生计算的正确率常受到学生的兴趣、态度、意志、习惯等因素的影响。在做计算题时，学生普遍有轻视的态度，常因注意力不够集中、抄错题、运算粗心、不进行验算等造成错误。那么怎样提高计算能力呢？

（一）加强口算训练

口算既是笔算、估算和简便计算的基础，也是计算能力的重要组成部分，对培养学生的计算能力和发展学生的思维能力都起着十分重要的作用。低年级是学生学习口算方法、掌握口算技巧的重要阶段，对后面的学习起着至关重要的作用。所以对于20以内加减法口算，需要扎扎实实掌握好，既要有速度，还要保证正确率。每日口算练习应该成为常态，基础知识牢固了，就会形成一定的技能，具备了技能，积累的经验才会成为创新的种子。

（二）培养良好的计算习惯

在解题前，首先，要审题，观察一下题目特点，有没有简便的方法；其次，要利用有关法则、定律进行计算，注意运算顺序；最后，还要仔细检查，看有无错抄、漏抄、算错等现象。另外，对于直接写得数类型的题目，要用好草稿纸，特别是口算能力差的学生。

（三）坚持积少成多

计算水平的提高不可能一蹴而就，因此加强平时的训练是十分有必要的。如可以安排“天天练”，每天练5道竖式计算题，长期坚持下去，肯定能提高计算水平。

三、数学学习的重点在于思维训练

数学的本质就是促进学生思维的发展，所以数学学习中非常需要“为什么”的解决，而不仅仅知道“是什么”。因为“是什么”在小学阶段比较简单，很容易获得结论，比如与生活联系密切的认识人民币、认识钟表、认识简单图形、简单计算等。这些知识不需要课上花太多时间讲解，在生活中就已经接触并习得了。另外有些孩子也早已提前学习了相关知识，单纯解题对他们来说没有多大困难。这就对我们的教学提出了新的要求：数学学习到底学什么？显然，单纯知识点的教学对学习超前的孩子来说没有吸引力，而这正好为我们的探究学习带来了便利，课堂上可提供充分的追本溯源的时间，让孩子不仅知其然，更能知其所以然。

经常有朋友问我，孩子上一年级之前数学知识需不需要提前学？特别是低年级，我不建议提前学习，没有多大意义，反而会带来一些弊端：上课时不认真听老师讲解，往往一知半解。当然到了中高年级，提前学可以训练孩子自主预习的能力。在这个过程中，怎么帮助孩子才是有意义的学习呢？那就是注重引导孩子探究知识的获得过程，而不仅仅是要一个结果。学会独立思考，帮助孩子理解数学知识的发展过程、数学知识之间以及数学与现实世界之间的联系，发展质疑问难的思维，养成会讲道理和有条理的思维品质。

具体怎么做才算是思维训练呢？下面结合几个例子说明。

例一：加法的认识。教学2+3=5时，教材是作为一课时40分钟来学习的。怎么教？教学中注重两点学习：为什么用加法？怎样算出的5？如果孩子在学校学完了这部分知识，回到家时家长可以跟孩子交流一下这两个问题，看看孩子能不能讲清楚，而不是机械练习，只知道结果，不知道为什么，那样思维就得不到发展。另外，在低年级一定要注意培养孩子讲数学的能力，因为要清楚地讲出来就需要自己先吸收内化，转化为自己头脑中的东西，然后经过大脑组织语言。语言是思维的外化，讲题的过程就是思维训练的过程。

例二：乘法口诀的教学。如果只是学习口诀，不用老师教，大部分学生都会，但是教学时要从多个角度设计学习活动。一是经历口诀的编制过程，口诀是怎么得出来的？不是教师告诉的，是让学生在问题情境中自主建构的，一步步发现总结获得的。二是感悟口诀的意义，一句口诀可以表达多个算式，既有乘法也有除法，感受口诀的智慧和奥妙。三是探究口诀有什么规律？引导学生观察、思考、表达，理解数学规律。四是体会口诀的作用，进行计算应用，体验简便性。在这样一系列的学习活动中，孩子的经历是丰富的，既获得了基础知识，形成了基本技能，发现了数学思想方法，又积累了活动经验，同时还可以进行数学文化的渗透，提升民族自豪感，增加自信心。

例三：三角形的内角和。作为一个结论，这很容易获得。但三角形的内角和为什么是180度？怎么研究出来的？有几种不同的研究方法？教学时让学生自己去想办法证明，这是不是就是数学思维的训练呢？除了教材提供的测量法、撕拼法、叠拼法，还可以补充帕斯卡的证明方法，让学生感受前人对数学的贡献。如果数学学习关注这些探究过程和方法，那么就不会单一、枯燥，而是充满挑战性。而且在多种方法的对比研究中，学生还会发现数学内在的联系，对开拓思维、提升研究能力很有帮助。

总的来说，培养数学思维，就是要善于发现、学会思考、积极探究、注重总结，因为数学教学最终教给孩子的是"一种思维方式和精神"。

团队建设

携手同行，幸福成长

一、工作室简介

2014年4月，李沧区首次成立区级工作室，我有幸成为工作室的主持人，工作室成员来自全区6所不同的学校。2017年10月，我又成功申报了市级名师工作室并担任主持人。从区级工作室到市级工作室，有了很多变化，不变的是我们始终扎根课堂，立足学生发展，着眼教师成长。

工作室成员大都是一线青年教师，所以工作室的定位是：学科教学研究基地，青年教师成长平台。即以工作室成员群体智慧为依托形成学习共同体，以课堂教研为主线，以互动提高为宗旨，以实现教师专业发展为目标，使工作室成为“研究的平台、成长的示范、凝聚的核心”。

确立发展目标后，我们一直在思考：什么样的活动对一线青年教师是有益的？通过调查、访谈，我们发现教师最喜欢的、最有收获的教学方式是基于课例能够自身参与的研究活动。于是，我们确立了“以课促成长”这一最贴近教师教育生活的研究主题。

那么怎样实现课堂中的成长？从读书开始，读、思、行的有效统一，是成长的快车道。于是，工作室坚持开展“好书共读”活动。而且有了理念的引领，“好课共磨”就有了支撑，然后借助精磨一节课，开展行动研究，带动青年教师的专业成长。教学贵在反思，思维的碰撞能激发更多教学灵感，于是问题研讨成为大家津津乐道的研究方式。在互联网+时代，优质教学资源的共享更加便捷，网络公益课应运而生。于是，我们借助课例打磨、好书共读、话题研讨、沪江云课堂等方式助力青年教师快速成长。

二、工作室活动

（一）好课同磨，共研精彩

要实现青年教师的快速成长，课例打磨是有效途径。我们提出了“小学数学活力课堂的研究”，并将“活力课堂”定义为：教师的教学活力，学生的学习活力，课堂的生成活力。活力课堂倡导问题由学生提，方法由学生想，过程由学生做，结论由学生得。围绕这一理念，我们尝试将学生的独立自学前置，借助课前研究单形成自己的思考；课上留有更多的时间用来激发学生个体认知之间的交流和互动，借助学生合作互学、教师点拨助学、师生共同回顾梳理，完成对知识的自主建构，形成“四环四学”课堂教学模式，即“独立自学—同伴互学—点拨助学—反思悟学”学习流程。工作室每月都会举行课堂教学观摩研讨，成员轮流上课，活动范围也从工作室内部扩展到外部。

课例打磨有专题式打磨、同课异构打磨和模拟课堂打磨三种形式。专题式打磨，从图形与几何领域、数与代数领域、智慧广场领域分别进行研究。同课异构打磨，从工作室内部成员同课异构，到现在的市、区、校、工作室联合同课异构。同时，我们还通过模拟上课的形式来打磨课的细节。磨课活动的开展，给工作室老师提供了一个互动交流的平台，同时也给予他们一个充分展示自我和锻炼成长的机会。磨课过程中，老师们的争辩和碰撞让他们对教学理念产生了新的认识，教学方式也得以改变，他们从讲授者变成了合作者、参与者、指导者，从台上退到台下，更加关注学生的自主学习，给学生提供了更大的探究空间和展示平台。

（二）好书共读，分享碰撞

读书，改变教师的教育生活。很喜欢这样一句话，“眼界到不了的地方，心灵可以抵达”。工作室成员每学期至少品读两本好书，书目由大家商讨确定。为了确保每一次读书活动的有效性，每一次我们都会反复推敲制定读书方案，而每一位成员都会认真落实读书方案的内容，继而保证了读书活动的质量。

阅读采取集中共读与个人自读相结合的方式。阅读后，教师可通过问题导引式读书沙龙、问题聚焦式线上研讨、内容导引式读书沙龙、文本阅读等方式，与大家分享读书感受。

1. 问题导引式读书沙龙。

在开展读书交流前，我们会制定详细的读书计划，并在计划中提出具体要求。比如，在品读吴正宪老师的《吴正宪课堂教学策略》时，针对“设计有效提问的策略”和“利用错误资源的策略”两个主题，我们开展了问题导引式读书沙龙活动。老师们先根据读书计划的要求撰写读书心得，然后在读书沙龙活动中进行互动交流，并在交流的过程中对最能引起共鸣的内容进行讨论。

2. 问题聚焦式线上研讨。

结合阅读书目的内容，选取能对接并聚焦书中问题的教学课例，开展问题聚焦式线上研讨，做到读书和实践有效融合。如阅读《小学数学与数学思想方法》一书时，我们针对“模型思想”开展了线上读书研讨。在本次研讨中，结合成员执教的青岛市名师开放课《连乘问题》，挖掘课例中渗透了哪些数学思想方法。此外，我们还对书中提到的“变中有不变”的思想、数形结合的思想、转化的思想等结合自己的教学实际进行了案例分享。这样的读书交流活动，提升了教师的思想认识，夯实了教学实践的理论支撑，真正做到了读书和实践的有效融合。

3. 内容导引式读书沙龙。

有的书专业性极强，在制定读书计划时我们会更加用心。为了保证阅读内容展示的全面性，在制定读书计划时会给每位成员进行读书展示的分工，即在学习展示时既要有“读”的环节（如结合学习内容设立导读、共读、摘读等不同形式的“读书”环节），带领大家读书、学习；又要有“悟”的环节，让大家结合教育实践，表达自己内心真实的感受和想法，或分享自己的教育故事。如读夏雪梅老师的《以学习为中心的课堂观察》一书，我们要研究“教学中心”向“学习中心”转型的问题，在做读书计划时就提出了具体要求，明确目标，合理分工。

4. 文本阅读。

除了线上和面对面的读书交流，我们还会进行文本阅读式的读书活动。每个假期，工作室都会布置读书任务，撰写读书心得，然后存放到工作室云盘中，大家互相学习。比如阅读《怎样教好数学》后，工作室成员在云盘上分享了自己的读书心得，从《厚积才能薄发》《教好数学就是让孩子们喜欢上数学》《守住一颗朴素的教育的心》等文章题目就能够看出老师们读书很认真、很用心。

这样通过多种形式的分享、对话、碰撞，每一位老师都获得了不同程度的收获。

（三）话题研讨，聚焦问题

研究过程中会不断生发新的问题，那么怎么解决这些问题呢？及时采用话题研讨的策略，针对教学中的困惑，通过磨课交流、观点碰撞等方式展开讨论。这一活动的开展通常是线上研讨，“相约周四”晚上 7:30，准时上线。

每个学期初，工作室都会制定研讨计划，明确各自任务。接下来主持人会提前一周发布话题，供大家做好准备。研讨结束，主持人整理精彩观点，形成文本稿，然后上传工作室云盘共享。

每一次的网络研讨都是基于我们在平时教学中遇到的具体的问题进行的，都着力于对教学实践有帮助、有价值的问题进行探索。这些问题有关于教学中的困惑，有读书心得分享，有磨课交流，也有观点的碰撞。每一次研讨大家都是有备而来，提前准备，形成文稿，确保研讨的实效性。教学反思是教师专业成长不可缺少的机制，故开展话题研讨的意义在于此，在分享中碰撞，在碰撞中交流，在交流中反思前行。

（四）网络课堂，学习面更广

开设云课堂的想法源于学校。我们学校 2015 年确立了信息化办学的方向，在学校“互联网+课堂”的影响下，2015 年 9 月我们在沪江网上建立了自己公益课堂的专属教室——成玉丽名师工作室。

建立的初衷是利用周末为孩子们送上课堂之外的精神大餐。2015

年9月26日晚，我尝试开设了第一堂网络直播课，面授对象是铜川和安国的两所学校的四年级同学，当晚参与人数近200人，后期学习点击量达到了700多人次。由于家长、学生的反响很好，很多孩子期盼下一节网络课的到来。经过精心准备，于当年10月18日开设了第二节网络直播课，这一次工作室六校联合，当晚参与人数达到了800多人次，后期学习点击量也达到了800多人次。

基于学生喜欢、家长认可，我们制定了学期授课计划，精心设计教学内容。

第一学期定位于课本智慧广场的题目。当时是师生第一次借助网络平台实现云课堂的学习，所以我们的步子比较小，确定了一个学生比较容易接受的学习区域——课本的智慧广场，作为初次实践的内容。一学期下来，学生很感兴趣，老师也意犹未尽。

第二学期跳出课本，针对学生所需，选取课外拓展题目并分年级进行授课。结果收到了不错的教学效果，学生纷纷表示很有收获，有效弥补了课内拓展不足的问题。

第三学期集思广益，尝试两条腿走路：绘本阅读+数学趣题。针对低中年级开设数学绘本阅读课程，针对高年级开设数学经典课程——《和差问题》《和倍问题》《差倍问题》，这些体系化的课程深深吸引了学生，也让我们意识到完整课程体系系列化是一条可行路径。

第四学期开设了数独专题系列课程，工作室成员也在集体备课中实现了无缝隙衔接，达成了较高的目标。更令人惊喜的是，系列化的课程深深吸引了学生，一些小粉丝课上学得不够，课后自觉买书学习，再到学校与同学老师交流。于是，在学期最后一次授课中，我们邀请一位小粉丝走进直播间，尝试师生同台授课，瞬间俘获了一大批小粉丝的心。后续孩子们学习的劲头更足了，一时掀起了一股网络学习小狂潮，很多孩子到了周末，早早进入教室，等待与老师和同学交流。

市名师工作室已成立，我们要积极寻找合适的内容把这间教室丰盈起来，基于前期有些课程已开设，不适合重复授课，工作室成员一直在探索更具吸引力、更有效的学习内容。在经过前期广泛调查、充分准备、周密筹划后，于2017年12月24日晚，工作室成员袁彩霞老师开设了一节网络直播课《思维导图在数学学习中的应用》。当晚，不同学校192位学生通过线上方式参与了网络直播课，课堂互动频繁，气氛十分活跃，学生、家长反响非常好。

这样的学习方式，打破了班级、学校、地域界限，让孩子在一个更大的空间里学习、交流，且不受时间限制，还可以反复观看，真正实现了自由学习，触手可及！

网络授课的价值在于，一是对教师专业的挑战。面对全新授课工具，综合各种授课手段，这是一种全新的体验。教师经历一次，成长一次。单看备课环节，一节课常常是几易其稿，只为给学生送去最优质的学习资源。二是增强团队凝聚力。开设初期，成员没有网络授课经验，为避免出现意外情况，每周末授课时，成员都齐聚学校，轮流当助手，确保授课效果。从秋到冬再到夏，团队凝聚力于不知不觉中形成。

回首工作室成立以来的点点滴滴，团队中的每一位成员都以敬业、爱学、善思给我留下了深刻印象。大家有事一起干，抢着干，积极干，在默默无言中形成了强大的团队凝聚力。我们携手共同走过了一段充实的历程，工作室成立以来，有4人成为市教学能手，3人被评为市学科带头人，有年轻教师成长为区市骨干教师，且获得优质课一等奖、名师开放课等荣誉。

尼采说："每一个不曾起舞的日子，都是对生命的辜负。"作为工作室主持人，珍惜同成员一起"起舞"的日子，我们将携手并肩，收获一路的芬芳和美丽！

学习新课标，同研共成长

2022年4月21日，教育部发布了《义务教育课程方案和课程标准（2022年版）》，为义务教育阶段学校的教育教学指明了新方向。心中有“标准”，脚下方有路。为深入领会新课程标准的精神实质及主要变化，把新的教育理念和基本要求全面落实到课堂教学中，成玉丽名师工作室开展了一系列新课标学习活动。

一、学课标，明方向

全体成员通过观看专家讲座视频、自学文本、线上课标培训等方式积极进行新课标的学习。通过学习，我们对2022年版课程标准有了更深的认识，了解了课标框架、新增内容以及这些变化背后蕴藏的理念和方法等。新课标强化了课程育人导向，优化了课程内容结构，研制了学业质量标准，增强了指导性，加强了学段衔接。新课标的落地，需要教师做出改变。教师要从“教”向“育”转变，从教“知识”到探索“实践活动”模块，为学生搭建新的学习场域；还要通过有意思、有意义、有可能的学习任务，让学生面对真实的问题挑战，经历问题解决的过程。

二、悟课标，互分享

新课标要落实到具体教学中，需要从观念上做改变，在教学实践中磨炼，为此李沧区第六学区举行了“新课标、新探索”经验分享会，工作室成员蓝晓明老师进行了经验分享。蓝老师从在数学课堂中培养学生核心素养角度进行了交流：在课堂教学中，主要通过“创设真实的情境、亲历数学化、评价贯穿始终”三个有效策略，培养学生的数学核心素养。

（一）创设真实的情境

新课标在“课程理念”中明确指出，“引导学生在真实情境中发现问题和提出问题”。真实情境可以从社会生活、科学和学生已有的数学经验等方面入手，围绕教学任务，选择贴近学生生活经验、符合学生年龄特点和认知特点的素材。

（二）亲历数学化

数学核心素养就是学生经历完整数学化后所积淀和升华的产物。教师要围绕问题开展多种形式的数学活动，让学生经历学习和探究的完整过程，积累丰富的活动经验。

（三）评价贯穿始终

新课标在评价方面提出了学业质量标准，建立了指向核心素养的多元评价体系。我们要及时根据评价标准来调整课堂教学，把评价贯穿始终。这样贯穿始终的评价不仅关注学生学习的结果，也关注学生学习的过程，它是指向学生数学核心素养发展的评价。

我们要用新课标理念来指导数学教学，把握好与学生共同学习、共同成长的每一节课，促使学生的数学核心素养在每一节数学课、每一个数学活动中拔节生长。通过对新课标与教学实践相结合的思考，老师们对新课标有了更清晰而深刻的认识，达到了以学促研、以研促教的良好效果。

三、用课标，同研磨

磨课是课标落地的有效路径。工作室以2022年版数学课程标准为载体，引导成员聚焦新理念，打磨课堂教学，积极推进“品质课堂”建设。根据团队成员实际情况，我们主要采用了优秀教师示范课、模拟上课、主题式课例打磨三步走方式进行研究。通过优秀教师示范课引领青年教师进行课例打磨，通过模拟上课聚焦教师教学设计能力，通过主题式课例打磨让学习走向实践。

（一）优秀教师示范课

在学习新课标、领悟新课标的基础上，我们趁热打铁，推出“用课标”的实践活动，即以2022年版数学课程标准为载体，以六年级“认识百分数”为主题，聚焦新理念，打磨课堂教学，积极推进新课标落地行动。本课例展示由工作室优秀教师陈萍老师承担。首先利用集体备课时间，工作室成员认真研读新课标，明确2022年版课程标准将百分数调整到了统计与概率领域，突出强调百分数的统计意义。通过集体备课，确立本节课的学习思路：创设情境，体会百分数产生的必要性；合作探究，理解百分数的意义；深化认知，丰富百分数的认识；沟通联系，构建知识体系。然后经过三备两磨的研究过程，让大家明确：教学设计应该基于课标和课本，故要认真研读课标，吃透教材，形成知识体系，把学生放在主体地位，调动学生学习的积极性和主动性，才能真正实现教学方式的转变，同时突出知识的本质，沟通概念间的联系，让课堂更精进一步。

（二）模拟上课

对教师自身成长而言，模拟上课为青年教师成长搭建了一个自我展示和自我锤炼的舞台，能够促进青年教师尽快适应教学环境，提升自身教学技能，缩短从站上讲台到站稳讲台、站好讲台的时间。针对工作室青年教师居多这一现状，我们借助模拟上课活动，针对教师的教态、教学语言、教学设计、教学组织、教学效果等方面进行一一评价和指导，引领青年教师锤炼基本功，磨炼教学机智，促进其专业成长和发展。

（三）主题式课例打磨

依据课程标准，数学教学内容可以分为数与代数、图形与几何、统计与概率、综合与实践四大领域。其中“数与代数”“图形与几何”是小学数学的主要内容，我们聚焦这两大主题，引领工作室老师从不同年级进行课例打磨，力图实现“磨一课通一类”的目的。

首先，在新授课的学习中，何佳音、甘煜晓两位老师聚焦“图形与几何”领域，分别进行了《厘米的认识》和《长方形和正方形的认识》两节课的研究。根据新课标的要求，两位老师关注图形与几何教学的数学本质，注重学生的动手操作、语言表达、数学思维等能力的培养，让“三会”核心素养在数学课堂扎实落地。

其次，在复习阶段，陈萍、蓝晓明、甘煜晓三位老师又分别聚焦“图形与几何”“数与代数”两大领域进行复习课研究，分别执教了《立体图形体积的整理复习》《小数的认识整理复习》《三位数加减法的整理复习》。在复习课的研究中，将课标与教材、课标与课堂教学相结合，建构知识体系，让复习课更有深度，从而提高复习课的效率。复习课教学综合考虑了复习内容、学生学情、教师素养等多个方面，有效地组织实施了“建立知识纵横结构网，理通知识点提升”“积累数学活动经验，感悟数学思想提升”“与现实生活融通，促进数学素养提升”三大教学策略。

新课标作为教学改革的方向标，指引着我们在今后的教学中不断探索新方法，做学习型、反思型、研究型教师。工作室所有成员将扎根课堂，让核心素养落地，实现立德树人的根本任务。永怀最初的梦想，深耕精研，互助成长，奔向更远的地方！

成长的印记

2017年，我加入成玉丽名师工作室。在这里，我感受到了名师底蕴深厚、热心教育的魅力，感受到了工作室伙伴们孜孜以求、勤于实践、勇于探究的精神，感受到了这个集体带给我的欢乐与成长。工作室为青年教师创造了机会，提供了平台，让我有了前进的目标和动力。

一、在课堂中成长

（一）在磨课中成长

磨课是教师专业成长由理论走向实践、走向进步的绿色通道，更是在教学上不断精益求精、完善自我的镜子。

在工作室，我先后执教了翻转课《分数混合运算》、同课异构《智慧广场——简单的组合》、展示课《积的变化规律》、市公开课《两位数除以一位数的笔算》。针对每一次磨课，在“抓住每一个细节，关注每一个细节，形成生生互动的课堂氛围”理念的引领下，工作室成员在一起商讨每一个细节、每一句表述、每一个衔接点、每一个评价。这样的研课活动，让我对磨课有了更加深入的思考，有了更新的认识。一节融入集体智慧的课，承载的不仅是简单的数学知识，更重要的是知识背后蕴含的数学思想和方法。

（二）在送课中成长

在团队伙伴的帮助下，在不断打磨研课的过程中，我的课堂驾驭能力得到稳步提升。因此，我曾两次代表工作室外出送课，这些经历历历在目。

2018年11月27日，青岛市成玉丽名师工作室的老师们走进青岛平度明村小学进行“送教下乡，结对帮扶”活动。我进行了课堂展示《除法的复习》。教学时，从孩子们的思维起点出发，将他们头脑中散落的对除法的认知串成知识串，然后以“大树画枝叶”的外显方式进行知识网络图的教学，这符合二年级学生的心理特征和思维特点。而这棵“知识树”也是孩子们以后进行知识复习，或高年级学会画思维导图的雏形。最后，下课铃声响起，看见孩子们满足的笑脸，充满期待的眼神，我感动不已。

2019年9月18日，青岛市成玉丽名师工作室跟随市教科院领导到平度市仁兆小学开展“同课异构”教学研讨活动。在仁兆小学，我们展示了同一教学内容不同的教学设计，虽风格迥异却共同聚焦“学为主体”的高效课堂。

这两次送课活动都是团队集体研课，然后给予我力量。当然，上完课并没有结束，回到工作室，团队的评课总能引发我更深入的思考，让我在研课的路上越走越远。

二、在读书中成长

书是一缕春风，它能消除你内心的浮躁；书是一壶茗茶，它能让你回味无穷。数学教学同样需要书籍的陪伴。在工作室，和团队的小伙伴们一起以书为伴，为兴趣而读，为成长而读。加入工作室以来，在同伴的带动下，我慢慢养成了晚上读书的好习惯。几年来，细细品读成老师为我们推荐的每一本图书，从中收获满满。读书之后，及时撰写的一篇篇读书感悟，也让我对数学教学有了更加清晰的认识。

很喜欢读书的时候，在精彩的观点旁边圈圈画画，或把眼前一亮的观点记录下来，这样就会慢慢内化为自己的理论素养。如在读贲友林老师的《此岸与彼岸Ⅱ》和牛献礼老师的《让学习真正发生——我这样教小学数学》时，产生了很多共鸣，于是我就把这些精彩的观点记录在了书的第一页。每当翻到此书第一页时，总能看到这些经典的话语，如“课堂因学生而精彩”“学生因教师而灵动”“学生闪亮，课堂才能精彩”。

在这个热爱数学教学、有追求、有干劲的团队中，我被感染着、熏陶着，不再是每天机械地教学，而是学会了去思考、去研究、去看到现象背后的东西，并把学到的新理念、新方法运用到自己的教学中。一路走来，一路成长，一路收获。2017年，在全国名师论坛中执教《两位数除以一位数的笔算》；2018年，执教市级公开课和交流课，并荣获市级“一师一优课”一等奖，其中执教的《等量代换》荣获青岛市中小学优质课评选一等奖，执教的《11—20各数的认识》被评为省级优课；2019年，荣获李沧区“教学能手”荣誉称号，并在李沧区小学数学学科教学研讨会上进行经验介绍等。

我始终相信“一分耕耘，一分收获”，感激工作室为我提供了锻炼自己的平台，感谢伙伴们的指导和帮助，让我有了这么多的感悟和收获。（青岛市第二实验小学王春梅）

课题成果

小学数学“二段三环”探究教学法的实践研究

一、研究缘起

自新课程改革以来，在传统观念影响下，教学依旧偏重于数学知识的传授和接受式学习，忽视学生的主动探究和自主成长。且在实际教学中，许多老师为了应对考试，课堂依然沉闷、缺少活力，以致课堂教学仍存在一种固定不变的模式，即复习旧知—讲授新课—练习巩固。久而久之，学生的思维产生了依赖性和惰性，因而也就谈不上主动学习、主动探索，以致丧失了创造力。学习需要自我感悟、自我探究、自我建构、自我完善，在这个自主、自为、自觉的过程中，学习者的思想方法、价值观念、知识体系、能力素养逐步形成。基于以上认识，我们进行小学数学“二段三环”探究教学法的实践研究，来改变教师的教学行为和学生的学习方式。我们希望充分发挥学生学习数学的自主性、主动性和创造性，让他们在一种充满活力、张扬生命个性的数学课堂中成长，从而培养自学能力、合作能力、探究能力和创新能力，实现全面、健康、和谐发展。

二、教学法特点

小学数学“二段三环”探究教学法是在数学课程标准“自主探索与合作交流是学习数学的重要方式”指引下提出的，“二段”是指学习过程分为课前独立探究和课上合作探究两个阶段，“三环”是指学习过程可分为独立自学、合作共学、明理悟学三个环节。其主要特点：一是让学习先于课堂发生；二是以问题引领学习，激思明辨悟理；三是提高学生的综合素养。

（一）让学生站在学习中央

“二段三环”探究教学法的每个环节都指向学生的学习，并且采用不同的学习方式。一是突出学生的自主学习、合作学习，教师点拨为辅。二是教为学服务，教师高起点点拨，促进学的层次提升。三是充分发掘学习主体的内因作用，注重自学体验感悟与内省反思提升，同时又注意同伴资源、教师点拨的外因推动，实现外因与内因的良性互动。通过这样一个流程，凸显学生学习的主体地位，让学生在每个环节都是主角。

（二）激思明辨悟理

该教学法把探究学习和合作学习贯穿始终，并进行有机结合。课前的独立探究注重激发学生的独立思考，课上的合作共学、明理悟学，通过生生互动、师生互动，进行深层次探究学习，引导学生在展示、质疑、明理过程中追本溯源，接近数学本质。

三、教学法功能目标

（一）构建多元合作、多向互动，张扬生命活力的课堂

该教学法体现以生为本。课前，教师精心设计研究单，为学生开展课堂学习搭建脚手架；课中，学生根据研究单问题进行共学，在合作交流、展示质疑、明辨悟理的过程中多元合作、多向互动，实现学生全员参与、全程参与和有效参与，提高课堂教学实效性，彰显课堂活力。

（二）提升学生数学学习力，全面提高综合素养

该教学法使学生学习方式得以转变，从以教为中心转向以学为中心，注重培养学生自主合作探究的学习能力，关注学生身心的全面发展，重视提高学生的综合素养。

（三）提高教师的专业水平，促进教师的专业化发展

该教学法强调建立学习共同体，师生一起享受生命成长的乐趣。在从教本到学本、研教到研学的过程中，教师主动实现研究对象、研究领域的转变，研究方式也从“权威式”转变为“共同体式”，自觉成为立德树人的引导者、课堂教学的引领者、教学研究的示范者。

四、教学法结构程序

小学数学“二段三环”探究教学法的基本结构如下图所示。

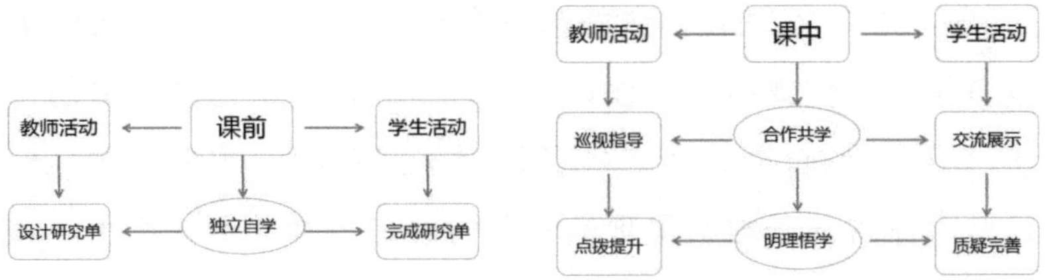

第一环节，独立自学。这是学习活动的起点。学生借助教师设计的课前研究单，按照自己的思路进行充分的自学思考和尝试，记录所思所想，建构对知识学习的原认知。这个环节强调自学思考，而非知识搬运，可引领学生学有道理的数学，究其然和所以然。

第二环节，合作共学。学生独立自学取得一定成果，并有所思、有所得、有所疑，产生了需要之后，在固定的学习小组中进行交流，然后分享收获，提出困惑，互学共研，解决疑难，共同提高。这个环节注重学生间进行有效的合作交流，既要有自己的主张，又要善于倾听和质疑，实现真正的思想交换、思维碰撞。

第三环节，明理悟学。在学生自学互学的基础上，教师适时介入，高起点精准点拨，帮助学生提升学习层次，引领学生开展深入学习。“点”就是点要害、抓重点，在关键地方、关键问题、关键时候给学生以启发，让学生在教师的启发下用眼观察、动手去做、动脑思考，从而加深理解，提高认识。“拨”就是拨疑难、排障碍，用生动、明确的语言或规范的动作告诉学生，使他们茅塞顿开，恍然大悟，掌握规律，发展智能。

五、教学策略

该教学法将学习内容前置，让学生带着思考进入课堂。课上借助合作学习，师生共同构建知识网络，促进深度学习。教学流程是独立自学、合作共学、明理悟学三大教学策略的有机组合和螺旋式推进。

（一）独立自学载体的设计

“二段三环”探究教学法的第一个环节是独立自学，如何指导学生有效自学，我们提出了“设计一个自学载体”的想法。最初，我们设计了“自学导航单”，是教师参照课本内容设计的帮助学生自学的路径，更多体现的是教材呈现的学习内容和教师的帮扶作用。经过一段时间的使用，我们发现自学导航单照搬课本的多，引领的多，拓展的少，而且课上学习内容对学生没有多少吸引力和挑战性，学生学习的兴趣降低了，它存在的意义就不大了。所以经过反思研究，我们又开始了新的尝试，在内容设计上体现研究的味道。首先，研究单尽量简单（是指内容的呈现），少一些引领和提示，注重提炼本节课的重点、关键点，设计成问题，让学生课前思考，然后带着自己的理解和认识上课。其次，研究单的问题设计宜大，把零碎的问题整合，以大问题的方式提出来。最终，我们确定了课前研究单的三个设计原则：一是问题少而精，二是聚焦教学重难点，三是富有思维含量。

（二）合作学习小组的构建

1.共学小组的构建方法。

根据小学生的年龄特点，我们认为4人一个学习小组最合适。4个人的搭配既要考虑学习水平的差异，还要考虑学习能力的组合，以及性格互补。教师可安排一个组织能力强的做组长，一个善于表达的做代表发言，遵循优、良、中、差的原则组建小组，确保组际成员的均衡分布。根据学习水平设1、2、3、4号，回答问题分别赋值10分、20分、30分、40分。课堂上回答问题时由小组自己选派代表，用这些措施激励小组之间团结互助，同时带动暂困生的学习。

2.共学兴趣的激励方法。

共学小组确立后，怎样调动学习的积极性？这就要与班级的评选奖励结合起来。小组合作学习表现优秀一次可加10分，特别优秀加20分，累计50分，小组成员每人就可兑换一面小红旗，添加到个人的班级评比栏里。这样学生既可以享受相应的福利，包括免写作业、满足心愿等，又可作为期末评选优秀的条件。

（三）明理悟学策略的梳理

1.点在新知关键处。

知识内容的关键处是学生学习、理解、掌握知识的最重要之处，是教材内容的重点、难点。在这些关键处，教师适时进行点拨，有益于重、难点问题的突破，使学生对所学知识认识得更深，理解得更透，掌握得更牢。

2.点在学生疑惑处。

在探求知识的发生、发展、形成过程中，学生的思维有时会“拐弯”，有时会“分岔”，有时会“堵塞”，从而感到疑惑不解，这就需要教师进行点拨引导，设计合适的坡度，架设过渡的桥梁，帮助学生寻找思维的突破口，排除疑难，解决困惑。

3.点在知识沟通联系处。

新知识是由旧知识发展而来的，所以对准它们的衔接处进行点拨，可以使学生在原有知识的基础之上，通过解答问题自然地进行迁移。沟通知识间的联系非常有必要，只有学生学会自觉进行知识的迁移，才能称之为会学。因此，教师要及时沟通知识间的联系，引导学生自觉学会运用已有知识解决新问题。

六、成效与反思

（一）成效

1. 凸显了学生的主体地位：学生的学习由被动变主动。

通过平时的课堂观察发现，使用该教学法的班级学生，学习主动性更强，自主学习能力得到提高；同时，由于资源的多样性、课堂的开放性，学生的思维打开了，思考深入了，习惯于问为什么，探究的意识在不知不觉中养成了。学习能力提升表现在学科素养上就是学生的思考力更强了，面对一个问题，他们能从不同的角度用不同的策略去解决。除了学科素养的提升，从育人目标的达成上看，也有了可喜的成果。学生能大方表达自己的观点，敢于向别人提问，善于倾听别人的发言，小组合作懂得谦让，上台当小老师有模有样等。

2. 强化了教师的生本观念：教师的教学由主导变助学。

实践这一教学模式以来，实验教师的教学能力得到了很大提升。教师不再是知识的传授者，而是活动的组织者；教师不再是课堂的主角，而是学习的辅助者。在这些教师身上，我们看到了他们对学生的尊重、对教材的再加工、对课堂的有效调控。实验教师在实践挑战中得以锻炼和成长，处理教材设计教学的能力、驾驭课堂的能力、处理预设与生成的能力都得到了很好的发展，教学水平快速提升，成长为学校的骨干教师。

3. 张扬了课堂的生命活力：课堂由机械变灵动。

“二段三环”探究教学法的课堂，尊重每一个学生的个性差异，让学习先于课堂发生，保证每个个体都有充分的探究时间，让他们都自信满满进入课堂，充分表达自己的观点，大胆提出自己的思考。这样的课堂是流动的、生成的，学习是动态的、自然而然发生的。学生学习的热情被点燃，思维不断碰撞，课堂成为充满活力、生成精彩的学习场，实现了学生的全面和谐发展、自主差异发展和终身可持续发展。

（二）反思

“二段三环”探究教学法中三个环节并不是一成不变的，它们是可以不断丰富和发展的，即我们的每一节课不一定严格地按照这一模式进行，在实践过程中可以依据不同的教学内容进行调整。

该教学法是多种教学法中的一种，不是唯一的。由于教学目标的多样性、学生学习需求的多样性、教学内容和教学情境的复杂多样性，不存在一种适合于所有教学活动的万能的教学法。后续研究中，我们将继续提炼适合这一方法的课型，进一步细化操作流程，梳理操作策略，科学规范教学法。

构建“四环四学”活力课堂的实践研究

一、研究问题

（一）研究目的

通过实际调查研究发现，现阶段仍有一些地区的学校采用教师讲解、学生聆听的传统教学模式，常常是老师在课堂上讲得火热，而学生在台下昏昏沉沉、一知半解。因此，很大程度上难以调动学生自主学习的积极性，从而使学生完全依赖于教师的讲解，逐渐失去主动探究的意识。学生缺乏合作学习讨论的机会，无法主动发现学习中的相关问题，长此以往便会降低学习的能动性，使课堂变成知识的“传输机”。

针对以上问题，课题组认为该地区小学数学教育迫切需要一种科学合理的教学模式，从根本上改变当前的不良现状，提高小学数学课堂的教学效率，增强学生的自主探究能力。在此期间，青岛铜川路小学进行了课堂教学模式改革，应用“四环四学”模式进行数学教学。本课题的研究目的是得出“四环四学”模式对于小学数学教学的使用价值，并且以青岛铜川路小学数学教学为例，分析出“四环四学”模式的真正优势所在，从而使其能够更好地运用到更广泛的教学实践当中，实现教师教学方式和学生学习方式的转变，让学生在充满生命活力的课堂上高效地学，促进课堂教学质量的提升和学生素质的全面和谐发展。

（二）研究意义

这一研究提出的“四环四学”模式，真正把学习的主动权还给了学生，激发学生学习数学的兴趣，培养自主合作探究的能力，提升思维品质，提高综合素养。同时，这一研究强调建立学习共同体，师生一起享受生命成长的乐趣。在从教本到学本、从研教到研学的过程中，教师主动实现研究对象、研究领域的变化，研究方式也从“权威式”转变为“共同体式”，自觉成为立德树人的引导者、课堂教学的引领者、教学研究的示范者，从而实现自身的专业化发展，达到互利双赢的局面。

因此，该教学模式既有助于提高教师教学水平，提升教师教学素养，还有助于提高学生学习数学的兴趣，提升学生思维品质，促进学生全面而又富有个性的发展。

（三）研究假设

通过“四环四学”活力课堂实践研究，引导教师改变原来的教育教学观念，变教授为助学，不断改善自己的教育教学活动，优化教学设计，提升专业素养。在问题引领下，学生积极主动探究，成为课堂真正的主人，同时在探究学习过程中学会自主学习、合作学习，培养表达、质疑、反思等多种能力，促进身心健康和谐发展。

（四）核心概念

“四环四学”是指把学生的学习过程分成四个环节，每个环节都指向学生的学习，并采用不同的学习方式，分别是独立自学—同伴互学—点拨助学—反思悟学。这既是对课堂的重构，也是学生学习方式的重大变革，有利于提高学生学习能力和思维水平，培养学生的核心素养。

活力课堂包含三方面的含义，即教师的教学活力、学生的学习活力、课堂的生成活力，这三方面综合起来才是真正有活力的课堂。教师的教学活力指向对教学的预设和生成的处理，学生的学习活力指向主动学习的能力，课堂的生成活力指向的是师生、生生的思维碰撞。因此，有活力的课堂一定是学生为主体、学生个性得到培养与发展的课堂，是思维能力、创造能力得到最大限度提高的课堂，也是有利于学生综合素质全面提高的课堂。

二、研究背景和文献综述

对“四环四学”活力课堂教学模式进行深入的研究分析，首先要对“四环四学”以及“活力课堂”进行认识和了解。

早在两千多年以前，孔子就在教学过程中让学生在独立思考与相互探讨中寻求知识的奥秘，一起取得进步。孟子也在教学过程中倡导“自得”学习模式，让学生自觉、主动地学习，体现出学生的主体地位。1997年，叶澜教授的《让课堂焕发生命活力》首次将“课堂”与“活力”两个词放在一起。文中指出，传统课堂教学忽视了教学过程中人的因素，因此必须对课堂中师生的生命活力进行分析研究，打破沉闷、无趣的课堂氛围。文中还指出“课堂教学蕴含着巨大的生命活力，只有师生的生命活力在课堂教学中得到有效发挥，才能真正有助于新人的培养和教师的成长，课堂上才有真正的生活”。

“让数学课堂教学充满活力”“关注数学课堂教学生命力”，这是国家基础课程教育改革的“以人为本”的核心理念在数学课堂教学中的具体体现。近几年，全国各地对数学活力课堂的研究变得空前热烈，已经有很多学校走上了“构建活力课堂”的道路，都期望着在这条路上留下自己对这种新型教学模式探究的足迹。比如山东杜郎口中学“三三六”自主学习模式、山东昌乐二中“271高效课堂”教学模式、江苏省洋思中学的“先学后教，当堂训练”教学模式等，其共同特征是学生的主体地位得到体现，学生学习积极性增强，自主学习能力得到提高。华南师范大学郭思乐教授提出了生本教育理念，主张“一切为了学生，高度尊重学生，全面依靠学生”的价值观和行为观，突出小组合作，转变学生的学习方式，为构建活力课堂提供了丰富的理论支撑和实践模式。

国外研究中没有明确提出活力课堂的概念，但许多相关的教育教学理念与活力课堂的理念是相通的。19世纪20年代，以美国教育家杜威为代表的“教育进步派”，其核心思想就是以学生为主体，充分体现了以人为本的教育理念。20世纪中期，人本主义教育者罗杰斯的非指导性教学模式，突出学生中心和人格作用，指出教育的目标应当是培养学会学习的人，促进学生全面发展，认为教师的任务是为学生提供各种学习的资源，提供一种促进学习的气氛，让学生自主学习。20世纪90年代，教育家齐莫曼开发了一种自主学习循环模式，可以说是“活力课堂”模式的前身，强调学生应用具体方法激励和指导自己的学习。这些教育理念从某一个角度切入，均体现出教育促进学生生命发展的思想，与活力课堂主张课堂应关注学生、焕发学生生命活力的出发点一致，为“活力课堂”的诞生提供了足够的养分和土壤。

综上所述，世界教育正把培养学生自主学习能力作为教学模式建构的目标，挑战传统教学模式，改善教师的教学行为和学生的学习行为，提升教学的有效性。虽然已经有了多种教育理念、多国经验，但是不难发现，已有的导学案式的做法还是用教师的思维引领学生的学习，更多关注学生的预习，没有凸显学生在自学时独立思考和研究的能力，且在小学学段进行这样的研究更是少之又少。为了将杜郎口中学和洋思中学的“活动单”“活动单导学”等研究方法融入小学的以生为本的课堂研究中，教会学生独立思考，教给学生解决问题的方法，不断提升他们的数学学习能力，我们要做到两点：教师主导，课堂设计活动有趣味、有深度，学习形式灵活多样，用创新的头脑点燃学生智慧的火花；学生主体，把数学课堂当作一个自主表演的大舞台，生生互动，让智慧不断碰撞，让课堂充满生命的活力。

三、研究程序

（一）研究设计

首先对目前小学数学教学中教师教学方式和学生学习现状进行调查分析，确定研究主题；然后查找相关文献，了解国内外研究现状，明确研究目的和意义，确定研究思路和方法，对核心概念进行界定，寻找理论依据；接着阐述如何建构“四环四学”活力课堂的操作模式；最后进行行动研究，采用案例研究法寻找有效的操作策略及科学的评价方法，从而得出结论，形成成果。

（二）研究对象

所在区域小学3—6年级学生。

（三）研究方法

文献研究法。参照、借鉴国内外“活力课堂”的研究成果及文献资料，采用纵向、横向等方法进行比较，找出新的突破点，为课题研究提供框架和方法论。

案例分析法。将课题研究贯穿于平日教学教研活动中，选择典型的教学个案进行研究，分析预习中有效和无效现象，探讨有效预习策略，调整教学实践。

经验总结法。教育经验来自实践活动，通过对研究活动中的体会和取得的成绩进行总结，把感性认识上升到教育理论的高度，从中找出规律，形成较为系统的、有借鉴和推广价值的研究成果。

调查研究法。为了检测课题研究的效果，从问题的提出、学习方式等角度设计问卷，以检测或访谈等形式，对实验学生和教师进行调查研究，并认真分析、调整实验数据。

（四）技术路线

收集资料

⇩

对资料进行整理、分析、综述

⇩

问卷、访谈，回收、分析

⇩

确定个案研究人员

⇩

“四环四学”活力课堂设计实践

⇩

改进、撰写有代表性的教学课例

⇩

论文撰写

四、研究结论

（一）定义了“四环四学”活力课堂的基本内涵

活力课堂包含三方面的含义，即教师的教学活力、学生的学习活力和课堂的生成活力。教师的教学活力指向教师对教学的预设和生成的处理，学生的学习活力指向学生主动学习的能力，课堂的生成活力指向师生、生生的思维碰撞。

“四环四学”是指把学生的学习过程分成四个环节，每个环节都指向学生的学习，并且采用不同的学习方式，即独立自学—同伴互学—点拨助学—反思悟学。该流程中，学生、同伴、教师这三大要素，以学生学习活动为轴心组成了一个发展共同体。其主要特点有三：一是突出学生的自主学习、合作学习，教师点拨为辅。二是教为学服务，教师高起点点拨，促进学的层次提升。三是充分发掘学习主体的内因作用，注重自学体验感悟与内省反思提升，同时又注意同伴资源、教师点拨的外因推动，实现外因与内因的良性互动。

（二）构建了“四环四学”活力课堂的教学流程

“四环四学”活力课堂教学流程是独立自学—同伴互学—点拨助学—反思悟学，也就是课前借助教师设计的研究单对学习内容进行预习，带着自己的思考进入课堂，课上借助合作学习，师生共同构建知识网络，促进深度学习。

我们希望学生在充满活力的数学课堂中成长，采用新的数学学习方式，充分发挥学习数学的自主性、主动性，培养自学能力、探究能力和创新能力，从而实现全面发展。

（三）形成了“四环四学”活力课堂的操作策略

1.开发了提升自主学习效果的研究单素材。

“四环四学”活力课堂的第一个环节就是独立自学，可小学生还不会自学，怎么办？于是，我们进行了如何指导学生有效自学的研究，提出“设计一个自学载体”的想法。

最初我们设计了“自学导航单”，是教师参照课本内容设计的帮助学生自学的路径，更多体现的是教材呈现的学习内容和教师的帮扶作用。自学导航单基本模式为学习内容、学习目标、学习建议、学习过程、收获与困惑、学习检测。经过一段时间的使用，我们发现学生已经慢慢会按照这一流程进行自学，课堂教学开展很顺利。但新的问题随之而来：由于自学导航单照搬课本的多，引领的多，拓展的少，学生不靠自学单也能自学课本了，所以自学导航单存在的意义就不大了。同时，课上学习内容对学生没有多少吸引力和挑战性了，学生学习的兴趣降低了。更重要的是，这样的导航单体现不出教师的智慧，教师更像是搬运工，把课本知识搬到了A4纸上。经过反思、学习、研究，我们又开始了新的尝试。独立自学应该体现学生的个性思考，所以我们将“自学导航单”改为“课前研究单”，并在内容设计上体现研究的味道和价值。经过实验研究，我们确立了设计“课前研究单”的四个策略。

第一，在尊重学生“已有”“已知”的基础上，对新课的内容进行充分挖掘，重组学生对这一新知识的认知结构。基于此，我们的研究单尽量简单（是指内容的呈现）或者以复习相关学过的知识为切入点，少一些引领、提示，让学生在不断地研究中对知识产生新的认识，唯有这样才能体现研究的意义和价值。研究单要避免变成练习单，其设计应该做减法，提炼本节课的重点、关键点，设计成问题，让学生课前思考，然后带着自己的理解和认识上课。学生在自学过程中，难免会把错误的想法表现出来，而老师恰恰就需要这些不同的观点，继而引发学生上课积极思考，在生生、师生的对话交流中去伪存真，实现知识的进一步升华。研究单的问题设计宜大，可把零碎的问题整合，以大问题的方式提出来，让学生去思考、寻找答案。如果用小问题一步步引领孩子思考，虽然很全面，但不是他们独立思考的成果，教师很可能又从课上的引领变成课前的引领，研究的味道就淡了！所以，我们最终确定了用大问题呈现的方式，意在引发学生独立思考。

第二，根据数学学习内容领域的不同，在设计研究单时也会有不同的侧重。数学有四个领域，即数与代数、空间与图形、统计与概率、实践与应用。我们将研究单分成三个主要类型。第一种类型是数与代数内容，重在引导学生理解算理，掌握算法。因此在设计研究单时，侧重设计让学生展示个性算法，并借助画图、语言等方式说明自己的想法，把算理与算法有机融合，引导学生发现、沟通不同算法之间的联系，从不同之中寻找共同点，把握数学本质。第二种类型是空间与图形内容，主要表现在学生能运用图形形象地描述问题，利用动手操作进行直观思考。研究的设计侧重学生的动手操作，老师要相信学生的学习能力，大胆放手让学生去探索，在观察、实验、猜测、验证、推理与交流等数学活动中，扩大对图形知识的思考空间。第三种类型是将统计与概率和实践与应用放在一起，主要是学生能从数学的角度运用所学知识和方法解决实际问题，探索应用价值。这一部分内容主要是让学生上网查阅资料、查阅书籍，以自主调查研究为主。

第三，根据学习内容的不同，研究单分为课前研究单和课上研究单。对于学生能借助已有知识经验迁移的内容，设计课前研究单，旨在调动学生自主学习的积极性，尊重学生个性差异，给予充分时间保证独立自学的效果。对于学生认知领域第一次出现的新知识，设计课上研究单，放在课堂大环境下学习，旨在突出教师对学习方法的引领，借助有梯度的教学引领，实现个性思考与思维碰撞的高效结合，提高学习效率。

第四，研究单上学习检测的设计要有层次，要面向全体学生。学习检测的内容分为基础练习、变式练习和拓展练习。不同层次的题目满足不同水平学生的要求，实现分层达标。同时，练习的设计也要与生活实际相联系，让学生在解决真实问题的情境中应用数学，提高解决实际问题的能力，提升生活能力。

基于以上思考，我们确定了研究单包含的基本项目有学习目标、学习建议、学习过程、学习检测等。现在已经开发了三到六年级每个教学内容的研究单，供老师们上课参考使用，并在使用中不断修改完善。借助研究单，教师一定要充分放手，让学生自学、交流、操作和探究，在独立思考和思维碰撞中自主建构数学知识。

2. 构建了常态运行的互学小组。

“四环四学”活力课堂的学习方式就是合作共学，因此构建科学合理的互学小组必不可少。有研究表明，学习小组的构建以4—6人为一组最合适，所以根据小学生的年龄特点，本研究选择4人一组。在组建学习小组时，4个人的搭配既考虑了学习水平的差异，又考虑了学习能力的组合，还有性格互补。搭配的原则是：安排一个组织能力强的做组长，一个善于表达的做代表发言，遵循优、良、中、差的原则组建小组，确保组际成员的均衡分布。根据学习水平设1、2、3、4号，回答问题分别赋值10分、20分、30分、40分。课堂上回答问题时由小组自己选派代表发言，1号回答对了就加10分，4号回答对了就加40分。用这些措施激励小组之间团结互助，同时带动暂困生的学习。

学习小组构建起来，如何良性运行？

（1）明确目标设置。小组合作学习的任务目标指向问题，即明确的目标要体现在明确的问题上。这就需要教师在备课环节对小组合作任务进行缜密设计，将需要通过小组合作学习达成的目标转化成小组合作学习的任务，且学习任务要表达清晰。

小组合作学习内容的选择，一般可以分为以下几类：①重难点内容。每一节课都有教学重难点，可以通过小组合作学习的形式强化重点，解决难点。难点内容一般难度偏大，凭借个人学习很难独立解决，通过小组合作学习能够很好地解决。在小组交流解决问题的过程中，学生可以感受到小组合作学习的魅力，体验成功的乐趣。②学生独有且需要相互分享的内容。在课堂中，有些内容是学生课前个体经验独有的内容，需要通过小组合作学习相互分享。在课前准备的基础上，小组合作交流，与同伴分享，既能调动学生合作交流的积极性，又能相互拓展知识。③学生独立学习不能完成的内容。在课堂上，有些任务学生自己不能独立完成，可以通过小组合作学习共同完成。

（2）加强合作学习规则与技能的培训。①在小组活动中，每个合作小组设置小组长、检查员、记录员等角色，明确每个小组成员的责任，增强合作小组成员之间的相互依赖性，促使合作学习有效进行。②在学习生活中，渗透合作意识。课上，教师强调合作的重要意义，及时评价合作优异的小组，强化小组合作学习的意识。③教师有意识地训练学生进行小组合作学习的技能和方法。同时，在开展小组合作学习时，教师对学生的合作交流行为进行及时评价，通过奖励等方式，强化学生的合作技能。④细化小组合作学习的规则与要求，约束和规范小组合作学习的行为，避免一些问题行为的发生，确保小组合作学习有序进行。

3.梳理出教师点拨助学的教学策略。

叶圣陶说："教师之教，不在于全盘讲授，而在于相机诱导。"所以，相机诱导也就是适时点拨。所谓"点"就是点要害、抓重点，在关键地方、关键问题、关键时候给学生以启发；所谓"拨"就是拨疑难、排障碍，用生动、明确的语言或规范的动作告诉学生，使他们茅塞顿开，恍然大悟，掌握规律，发展智能。故如何引领学生进一步把探究的知识进行归纳、总结和提升，是"四环四学"活力课堂实施的一个重要环节。点拨什么、何时点拨，经过研究，我们梳理出三个点拨助学的小策略。

（1）抓住新知关键处进行点拨——知识内容的关键处是学生学习、理解、掌握知识的最重要之处，是教材内容的重点、难点。在这些关键处适时进行点拨，有益于重、难点问题的突破，使学生对所学知识认识得深、理解得透、掌握得牢。在新知关键处、学生思维受阻处，适时点拨，学生就会知其然，更知其所以然。

（2）抓住学生疑惑之处进行点拨——在探求知识的发生、发展、形成过程中，学生的思维有时会“拐弯”，有时会“分岔”，有时会“堵塞”，从而感到疑惑不解，这就需要教师进行点拨引导，设计合适的坡度，架设过渡的桥梁，帮助学生寻找思维的突破口，排除疑难，解决困惑。

（3）抓住知识沟通联系处进行点拨——新知识是由旧知识发展而来的，所以应对准它们的衔接处进行点拨，使学生在原有知识的基础之上，通过解答问题自然地进行迁移，使新课顺利地展开。沟通知识间的联系非常有必要，学生只有学会自觉进行知识的迁移，才能称之为会学。教师要及时沟通知识间的联系，引导学生自觉学会运用已有知识解决新问题，长此以往，学生的学习能力才会大大增强。

（四）制定了“四环四学”活力课堂教学的评价方法

1.“四环四学”活力课堂教学评价表。

“四环四学”活力课堂教学评价表

评价指标	观评维度	得分
教学设计（20分）	①定位：能从知识结构及单元整体的角度进行教学规划，关注数学知识之间的相互联系（5分）	
	②目标：制定的教学目标符合数学课程标准要求，能体现思维目标及核心素养目标，具有可操作性（5分）	
	③内容：充分挖掘教材内涵，适当融入数学文化，合理组织教学内容，为学生获取新知识，发展核心素养提供孕育点、生长点（5分）	
	④学情：能根据学生实际设计教学活动，合理定位教学重难点（5分）	
教学实施（50分）	①教学思路：教学思路清晰，逻辑性强，具有一定独创性；在把握数学本质的同时，关注与其他学科、与生活的联系和拓展，关注学生核心素养的培养；突出“学为中心”的活力课堂理念（10分）	

续　表

评价指标	观评维度	得分
教学实施（50分）	②教学方式：能创设多样的学习情境，提出富有层次和挑战性的问题，激发学生真实的探索和深度思考；为学生的数学学习搭建合理的支架，教学灵活，学习方式多样，学法指导及示范准确有效（10分）	
	③教学组织与评价：能面向全体学生，创造平等的学习机会，组织和促进课堂合作与讨论，重视互动交流；能通过积极的反馈、表扬与鼓励等多元化方式，综合评价学生，激励学生（10分）	
	④教学氛围：能吸引并维持学生学习的注意力和兴趣，构建和谐的课堂教学氛围，营造良好的师生关系（10分）	
	⑤资源与技术运用：注重现代教育技术与教学课程的深度融合，有明确的资源整合及利用意识，教育技术运用规范、合理（10分）	
教学效果（20分）	①目标达成：按时完成教学任务，达成预设的教学目标，课堂结构及时间分配合理、效率高（5分）	
	②思维引领：教学过程能体现“深度思维”，体现数学核心素养的培养（5分）	
	③过程优化：教师角色定位适当，能根据学生的反馈进行有针对性的教学调整，保持学生的数学学习兴趣，有效利用生成性教学资源；教学行为体现反思性和针对性（5分）	
	④素养体现：教师为人师表，仪态大方，语言规范，板书合理，师德表现良好（5分）	
教学反思（10分）	①反思教学思想：是否能深入理解核心素养的内涵、价值、表现、水平及其相互联系，并落实到课堂教学中（2.5分）	
	②反思教学设计：是否能清楚地表达自己的教学思路，为适应学生的学习需求而调整教学目标、选择教学内容、优化教学方法（2.5分）	
	③反思教学行为：是否关注学生的个体素养和表现，及时进行教学行为的自我评价与调整（2.5分）	
	④反思教学技术：信息技术使用是否合理，教学资源的开发与利用是否充分（2.5分）	
课堂教学评价总得分		
教学特色及创新		
思考与建议		

2. 学生学习评价记录表。

个人学习评价表

第（　）小组　　时间：

评价项目	A（3分）	B（2分）	C（1分）	1分	2分	3分
倾听与反思	1. 总是认真倾听别人的发言； 2. 总是耐心等待对方把话说完，不打断对方发言； 3. 注重反思自己的思考过程，及时记录笔记，定时梳理错题，分析原因	1. 比较认真倾听别人的发言； 2. 比较耐心等待对方把话说完，不打断对方发言； 3. 能够反思自己的思考过程，及时记录笔记，定时梳理错题，分析原因	1. 不认真倾听别人的发言； 2. 较少耐心等待对方把话说完，总是打断对方发言； 3. 不注重反思自己的思考过程，学习缺少主动性			
思考与表达	1. 主动参与学习活动，善于提出问题和分析问题； 2. 总是尝试从不同角度思考问题； 3. 能够有条理地表述自己的思考过程	1. 能够参与学习活动，能够提出问题和分析问题； 2. 能够尝试从不同角度思考问题； 3. 能够比较有条理地表述自己的思考过程	1. 不主动参与学习活动； 2. 不愿意尝试从不同角度思考问题； 3. 不能够有条理地表述自己的思考过程			
作业	1. 书写认真、规范、美观； 2. 准确率很高； 3. 能够从作业中看到思考的痕迹	1. 书写较为认真； 2. 有少量错误； 3. 较少看到思考的痕迹	1. 书写不认真； 2. 错误率较高			
计算与解决问题	1. 准确、灵活进行计算； 2. 善于利用解题路线灵活解决问题	1. 比较准确、灵活进行计算； 2. 能够利用解题路线较灵活解决问题	1. 计算准确率低； 2. 解决问题的能力不强			

合作学习互评表

时间：

姓名		评价人		
学习内容				
评价内容		效果很好 ☆☆☆	基本完成 ☆☆	还需努力 ☆
参与态度	认真参与每一次活动			
	勇于分享自己的观点			
	圆满完成小组的任务			
思维进阶	完全掌握本节课的知识点			
	理解本节课的数学思想方法			
	完成相应的思维变式练习			
能力提升	互相协作能力提升			
	解决问题能力提升			

使用说明：

（1）采用自评与互评结合方式，个人学习重在自评，培养学生自我评价、反思能力；合作学习采用互评方式，培养学生正确评价他人，并在评价中学会相互学习。

（2）小组长每周汇总一次积分，做好记录，上交老师保存。定期量化积分评比。

3. 合作学习的评价方法。

评价可进行周评比、月评比、季度评比和学期评比。每周评比小组前三名和个人前三名为优秀小组和优秀个人，根据每周评比情况颁发优秀学生和小组的奖状，每周评比的成绩都是学期评比的过程评比成绩。最后的个人评比，小组成绩占70%，个人成绩占30%。每周评比主要以当周家庭作业和课堂表现为依据，一般基础分为每天10分，小组评比时按与基础分的差值记录。上课小组发言为指定发言和抽签发言相结合，每组1号发言加10分，2号发言加20分，以此类推。其他人员如果进行有价值的提问或补充每次加5分，课堂上回答问题时进行有价值发言的学生每次加10分。每月评比和每周评比都有最佳和优胜，最佳为分值最高，第二、第三为优胜。

4.互学兴趣的激励方法。

互学小组确立后，怎样调动学习积极性？要与班级的评选奖励结合起来。小组合作学习表现优秀一次可加10分，特别优秀一次加20分，累计50分，小组成员每人就可兑换一面小红旗，添加到个人的班级评比栏里，既可以兑换相应福利，包括免写作业、满足心愿等，又可作为期末评选优秀的条件。同时，如果小组成员当天被老师累计批评3次（包括课堂学习、家庭作业），就要扣10分。只有将小组成员捆绑到一起，让学生意识到不再是个体的学习占主导，小组合作学习才能走出有效的第一步。

五、分析和讨论

（一）调查对象及内容

1.调查对象。

本次调查问卷开始于2020年10月，以青岛铜川路小学学生为调查对象，随机对调查对象进行选取，一共发放问卷903份，回收问卷900份，回收率99.66%。在回收的问卷中，有效问卷共870份。调查对象的具体情况如下图所示。

调查对象性别比例图

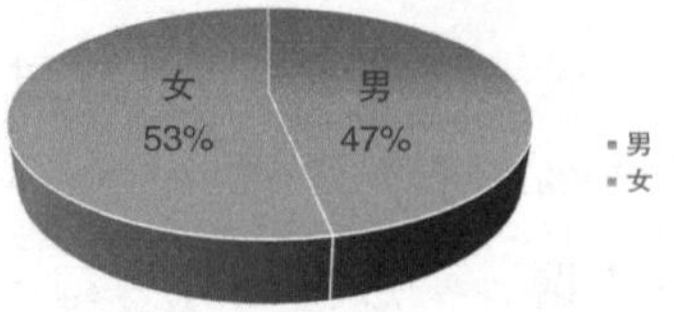

调查对象年级比例图

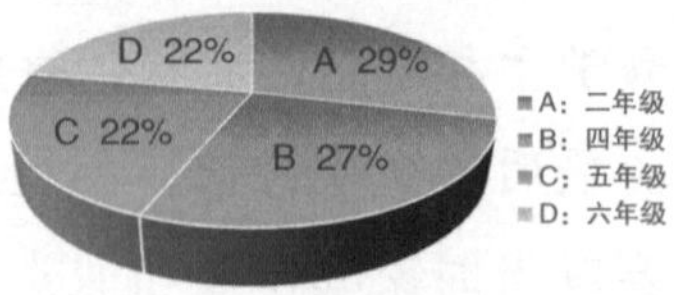

2.调查内容。

本次调查问卷的调查内容是小学数学教学以及学生学习模式，具体来说包括学生数学学习实际情况、学生自主学习状况、课堂教学实际情况。

（二）问卷分析

1.学生数学学习实际情况分析。

在调查问卷中显示，自“四环四学”活力课堂教学模式实施以来，在所调查的青岛铜川路小学学生中，有51.4%的学生对数学学习有浓厚的兴趣；有32.0%的学生表示比较喜欢学习数学；另外有10.3%的学生表示以前比较喜欢学习数学，但是到了中高年级以后由于种种原因就失去了对于数学的兴趣；还有6.3%的学生对于数学的学习十分反感，甚至产生畏惧以及害怕的心理。学生对数学学习的态度调查情况如下表所示。

调查对象对数学学习的态度统计表

学生对数学学习的态度	占比
有浓厚的兴趣	51.4%
比较喜欢学习	32.0%
逐渐失去兴趣	10.3%
畏惧、害怕	6.3%

从以上的调查结果能够看出，很多学生对于“四环四学”活力课堂教学模式抱有积极的态度，能够融入整个教学活动中，不断激发学习兴趣以及参与意识，大幅度提高自主学习能力以及创新能力，切实增强了学习效率。

2.学生自主学习状况分析。

调查报告结果显示，大多数学生能够在老师的要求之下对所学内容进行预习。在对课前预习是否能够对数学课堂的学习产生帮助的调查中，47.5%的学生表示预习能够为学习提供很大的帮助，28.7%的学生表示预习多多少少会有一些帮助，16.8%的学生表示预习的作用要根据所学内容来评定，剩下7%的学生认为预习对于数学的学习根本起不到任何的作用。由此可以得出，大部分学生对于课前预习的重要性还是比较认可的，认为课前预习能够为数学的学习提供切实有效的帮助。

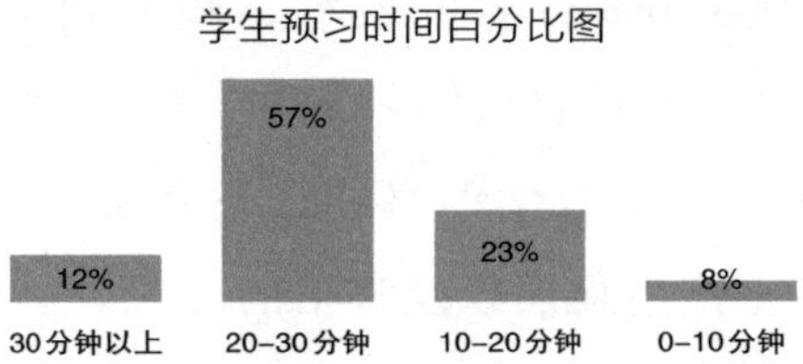

由上图可以看出，在所调查的学生当中，每天花费30分钟进行预习的占总人数的12%，每天花费20—30分钟进行预习的占总人数的57%，每天花费10—20分钟进行预习的占总人数的23%，剩下8%的学生在预习上花费的时间每天不足10分钟。由此可以得出结论，大部分学生能够花费较多的时间进行数学预习。

在自主学习方式的调查中，课题组发现有13.5%的学生在遇到困难时直接向老师请教，35.0%的学生选择了同其他同学进行探讨，剩下41.5%和10.0%的同学分别表示自己反复进行思考和等待老师课上讲解。在实施“四环四学”活力课堂的调查问卷中，大多数学生有过创新和想法，仅仅有16.3%的学生偶尔有过。由此可以得出，很多学生能够花费一定的时间进行数学自主学习，培养良好学习品质，再通过“四环四学”教学模式，形成团队的协作精神，提高自己的整体素质。

3. 课堂教学实际情况分析。

对于问题“你喜欢‘四环四学’活力课堂这种教学方式吗”，具体调查结果如下表。

学生是否喜欢“四环四学”活力课堂教学方式调查情况统计表

选项	人数	占比
喜欢	684	78.62%
不喜欢	186	21.38%

由上表可以看出，有684个学生选择喜欢这种教学方式，占总人数的78.62%，有186个学生选择不喜欢这种教学方式。

通过问卷调查发现，在青岛铜川路小学数学课堂上有50%的教师采用“四环四学”活力课堂教学模式，有32%的教师采用教师讲授教学方式，有11%的教师采用师生问答式的教学方法，剩下7%的教师采用的教学模式不确定。（如下图）

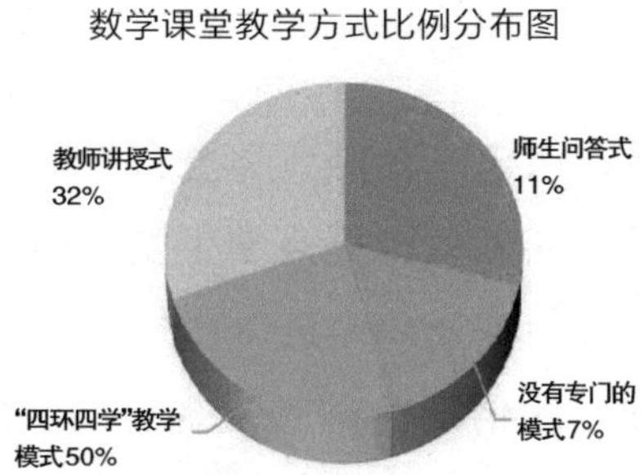

通过对学生喜欢的学习方式的调查发现，有56%的学生喜欢合作学习方式（如下图），这充分说明了应用“四环四学”活力课堂教学模式后，多数教师改变了传统教学模式，切实提高了学生学习数学的积极性。

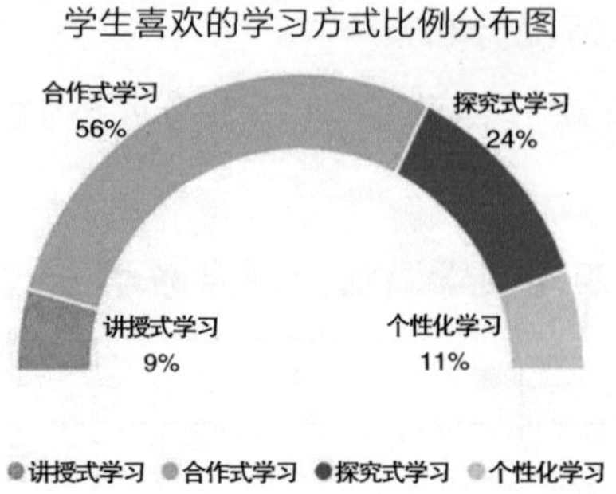

在调查问卷中，“与传统教学方式相比，你觉得这种教学方式提高了你哪些方面的能力（可多选）”这一问题的问卷调查结果如下图。

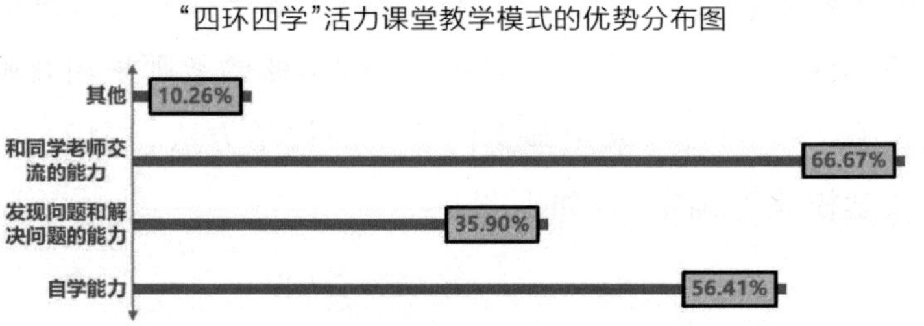

由上图可以看出，该模式在提高学生自学能力、和同学老师交流的能力等方面值得继续实施；在提高学生发现问题和解决问题的能力方面还有欠缺，其他方面需要我们进一步反思。

通过对学生处理问题情况的调查发现，54.8% 的学生当数学学习产生疑问时能够主动去探究思考，如果无法解决，会与其他同学研究讨论；28.1% 的学生同样会主动探究思考，不同的是当有了疑问时，会选择等待老师讲解。由此可以得出，在遇到一些学习困难时，教师提供一些必要的方法后，学生会有更加主动的学习想法和态度。面对一个问题，孩子能从不同的角度用不同的策略去解决，这不能不说得益于教学方式和学习方式的改变。

选择喜欢“四环四学”活力课堂教学模式的学生，对于喜欢的原因呈现结果如下图。

喜欢“四环四学”活力课堂教学模式原因的情况分析图

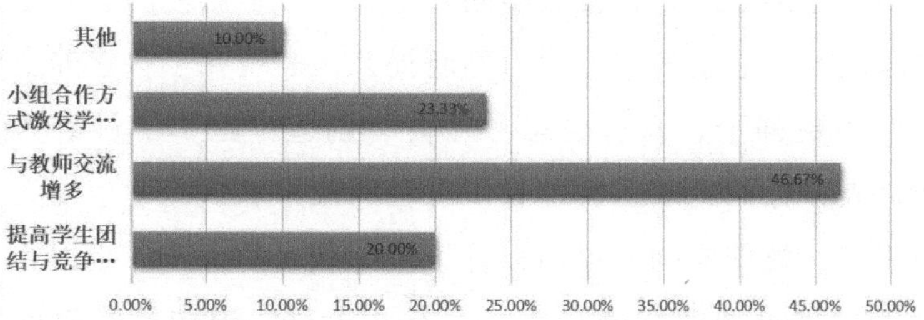

由上图可以看出，在选择喜欢“四环四学”活力课堂教学模式的学生中，认为与教师交流增多的占比最大，高达46.67%；有23.33%的学生认为小组合作方式激发学习兴趣；有20.00%的学生认为小组合作方式提高学生团结与竞争意识；有10.00%的学生认为这种教学模式还带来了其他方面的好处，例如减轻了作业压力，加深了对数学知识的理解，了解了更多关于数学的趣味知识等。

在进行课堂观察中发现，学生在学习过程中的积极性与主动性日渐提升，随着“四环四学”活力课堂实践的深入，被动学习的学生越来越少，积极主动学习的学生不断增多，课堂由最开始教师的不断提问与引导转换成学生间的相互提问与讨论，学生的参与度不断增加。

（三）实施“四环四学”活力课堂的效果分析

从以上调查问卷结果分析来看，“四环四学”教学模式不仅可以激发学生自主学习的兴趣以及积极性，同时也能够发挥教师的教学引导作用，从而切实提高数学教学的实效性。该教学模式在小学数学教学中的应用效果有以下几点：

1.凸显了学生的主体地位：学生的学习由被动变主动。

传统课堂上老师的引领比较多，受一些条件的限制，学生的学习不能完全放开，在“四环四学”活力课堂上，学生的学习主动性更强了，学习的舞台更宽广了，自主学习能力得到提高。同时，由于资源的多样性、课堂的开放性，学生的学习主动性被大大调动起来，他们对数学的思考逐渐深入，喜欢多问几个为什么，研究的意识也在不知不觉中形成了。学生的学习能力不断提升，表现在学科素养上就是学生的思考力更强了，只有会思考才会有创造！除了学科素养的提升外，从育人目标的达成上看也有了可喜的成果。这些学生能大方表达自己的观点，敢于向别人提问，善于倾听别人的发言，小组合作懂得谦让，上台当小老师有模有样等。有些学科知识随着时间可能会淡忘，但积淀在孩子身上的综合素养会伴随他们终身。这是我们教育的最终育人目标，也是做教师追求的最高境界。

2.强化了教师的生本观念：教师的教学由主导变助学。

传统的教学更多聚焦于教师如何教，怎样引导学生学，是以师定教。“四环四学”活力课堂扭转了教师牵着学生走的局面，是对传统课堂的颠覆性改变。现在的教学更多思考如何让学生学得积极、主动，如何让教学更接近数学的本质，如何展现学生的学而非教师的教，着眼于学生未来的发展。以学定教，就是根据学生的课前研究单提前了解学生的学习基础，准确定位教学难点，及时调整教学思路，实现高效学习，提高课堂效率。教师从学生的学习出发，以学生已有知识和经验作为教学的起点，给他们提供更多学习和建构的机会，然后根据学习过程设计相应的促进学生学习的教学活动，着力于激发他们学习的主动性，挖掘他们学习的最大潜力，让他们在求真、民主、合作、愉悦的学习氛围中习得知识，提升能力。

实践这一教学模式以来，实验教师教学能力得到了很大提升。教师不再是知识的传授者，而是活动的组织者；教师也不再是课堂的主角，而是学习的辅助者。在这些教师身上，我们看到的是对学生真正的尊重，对教材的再加工，对课堂的有效调控。他们在实践中得以锻炼和成长，处理教材设计教学的能力、驾驭课堂的能力、处理预设与生成的能力都得到了很好的发展，教学水平快速提升，成长为学校的骨干教师。

3. 张扬了课堂的生命活力：课堂由机械变灵动。

传统课堂上固化的教学模式束缚了师生的手脚，一板一眼的教学流程，一问一答的学习方式，使得学生被动地在教师精心设计的步骤里演绎学习，很少有机会表达自主的想法，教师也无法真正读懂学生，特别是无从了解学生已有的知识储备和他们面对新问题时独特的解决方式，在有限的40分钟里，生命活力被禁锢着。“四环四学”活力课堂，尊重每一个学生的个性和差异，让学习先于课堂发生，保证每个个体都有充分的探究时间，每个学生都自信满满进入课堂，充分表达自己的观点，大胆提出自己的思考。这样的课堂是流动的、生成的，学习是动态的、自然而然发生的。学生学习的热情被点燃，思维不断碰撞，课堂成为充满活力、生成精彩的学习场，实现了学生的全面和谐发展、个体差异与自主发展和终身可持续发展。

六、研究建议

（一）存在问题

一是根据教学需要设置课前研究单。要想实现这一点，就得提前几天布置这项作业，才能保证老师有批阅和备课的时间。但这样就会出现另一种情况：学生针对一个新问题进行探究后，若不能及时在课堂上学习，则预习和新知学习不能及时衔接。

二是对“四环四学”活力课堂教学的评价做得还很浅显，需要后续继续优化和完善，设计科学规范的评价方式和标准，更好地应用在日常教学研究中。

（二）研究启示

一是“四环四学”教学模式不是一成不变的，它是可以不断丰富和发展的，即我们的每一节课不一定严格地按照“四环四学”模式进行。“四环四学”只是一个基本的流程，是动态发展的，在实践过程中可以依据不同的教学内容进行调整，可能只有“三环三学”，也可能只有“两环两学”等。随着研究的推广，在实践中我们发现并不是所有年级、所有内容都适合这种教学模式，所以下一步研究的着力点之一就是提炼适合这一教学模式的课型，并进一步细化操作步骤，总结操作策略。

二是研究单的设计如何优化是下一步研究的方向。比如针对不同学习基础的学生，如何进行研究单的分层设计？新授课的研究单已经成形，复习课的研究单如何设计？这一系列问题，在实践中还需进一步思考和改进。

课堂模式案例分析：《长方体的认识》教学设计

【教学内容】

《义务教育教科书·数学》（青岛版）五年级下册第七单元信息窗1。

【教材简析】

“长方体的认识”这部分内容是在学生初步认识长方体和正方体的基础上教学的。这是学生比较深入地研究立体几何图形的开始。由平面图形扩展到立体图形，是学生空间观念发展的一次飞跃。长方体的认识，是学生的空间观念由二维向三维发展的转折阶段。长方体是最基本的立体几何图形。学习长方体，可以使学生对自己周围的空间和空间中的物体形成初步的空间观念，是进一步认识其他立体几何图形以及学习其他立体几何图形的表面积、体积的基础。如何引导学生由原有的对面的认识过渡到对体的认识，继而发展空间观念，培养空间想象能力是本节课教学的关键。

【教学目标】

1. 借助具体的实物和模型，通过观察、比较、操作等活动，认识长方体的特点；知道长方体的面、棱、顶点的含义，认识长方体的长、宽、高。

2. 在动手操作、观察、辨析的过程中，发展抽象概括能力和初步的空间观念。

3. 在探究的过程中学会合作，感受到学习的乐趣；在解决实际问题的过程中，体会数学与生活的密切联系。

【教学重点】

掌握长方体的特点。

【教学难点】

发现长方体的棱的特点。

【教具准备】

长方体实物、长方体框架、多媒体课件、课前研究单。

【课前准备】

1. 了解学生原有的基础知识，如长方形和正方形的特征、异同、关系，长方形和正方形的周长与面积的计算，角的形成，测量长度的方法，以及学生对这些知识的掌握程度等。

2. 利用学具盒材料拼插长方体框架，搜集长方体盒子；完成课前研究单。

【教学过程】

一、独立自学：自主建构长方体的特征

《长方体的认识》课前研究单　　班级　　　姓名

【学习内容】青岛版教材小学数学五年级下册第七单元信息窗 1 第 82 页

【学习目标】认识长方体各部分的名称，了解长方体的特征。

【学具准备】1. 长方体的盒子 1 个　2. 用学具盒中的材料拼插长方体框架。

【学习过程】

一、观察记录：请借助学具进行研究

1. 长方体有（　　）个面，面和面相交的线叫作（　　），每三条棱相交的点叫作（　　），相交于一个顶点的三条棱的长度，分别叫作长方体的（　　）、（　　）、（　　）。

2. 总结长方体的特征。

名称		长方体
面	个数	
	形状、大小	
棱	条数	
	长度	
顶点	个数	

二、重点

1. 怎样数长方体的面、棱、顶点才能不重复不遗漏？

2. 长方体面的特点你是怎样发现的？棱的长度特点是怎样发现的？

【学习困惑】

【学习检测】课本 84 页自主练习 2、5 题。

［设计意图］课前学生借助研究单，围绕教师精心设计的问题，对课本内容进行充分预习，记录自己的所思所想，形成对新知的自我构建。这既是一种学习内容的安排，也是对学生学习方法的指导，教师既在教学生思考、研究的路径，也为学生提供了课堂交流的线索。这样设计教学有效地运用了学生的学习起点，保障了课上充分交流和碰撞的时间。

二、同伴互学：深入研究长方体的特征

谈话：课前同学们借助研究单自己研究了长方体，这节课我们一起梳理你们的学习成果。【板书课题：长方体的认识】

1. 回忆：你是从哪几个方面研究的？【板书：面、棱、顶点】这里出现了两个新概念——棱、顶点，谁能借助学具解释一下？【课件演示】

> 活动要求：
>
> ●借助学具边操作边描述特征；
>
> ●交流时说清：怎样数长方体的面、棱、顶点才能不重复不遗漏？
>
> ●时间4分钟。

学生上前说给同学听。

2. 长方体的面、棱、顶点各有什么特征？把自己的研究在小组内交流。

小组合作，讨论交流，教师巡视、参与、指导。

3. 全班交流，随机抽取2个小组进行汇报。

小组汇报：

（1）面：6个面都是长方形，有时有两个相对的面是正方形；相对的面完全相同。

（2）棱：长方体有12条棱，相对的棱长度相等。

（3）顶点：一共有8个。

生生互动：

（1）为什么说长方体相对的面完全相同？【预设：测量、计算、推理】

（2）12条棱怎样数才不会乱？【预设：分组数】

（3）怎样证明相对的棱长度相等？【预设：测量、推理】

4.小结：通过刚才的研究，我们发现并验证了长方体的特征。下面通过课件再回顾一遍。【课件演示】

●长方体有6个面，相对的面完全相同。 ●长方体有12条棱，相对的棱长度相等。 ●长方体有8个顶点。

［设计意图］通过两个层次的互学活动，同学们分享收获，提出困惑，解决疑难，共同提高。这个环节注重合作交流，学生既要有自己的主张，又要善于倾听和质疑，实现真正的思想交换，思维碰撞。课上，给学生充分的讨论交流时间和空间，让其经历观察、猜想、操作、验证等数学活动，进一步验证自己的学习成果。

三、点拨助学：发散思维，发展空间观念

（一）关键问题处点拨

1.还可以怎样验证长方体相对的面完全相同？【点拨：把相对的面重合进行验证，并利用课件动态演示】

2.对于长方体的12条棱，还有不同的数法吗？【点拨：借助顶点数棱，并利用课件动态演示】

（二）认识新知处点拨

1.我们把相交于同一个顶点的三条棱的长度叫作长、宽、高。

【课件演示】

2. 观察一下长方体的长、宽、高各有几条?

出示一个长方体的三条棱,想象这个长方体本来的样子。

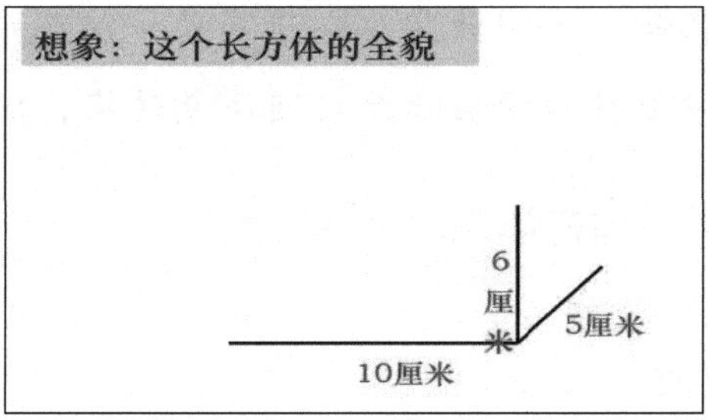

(三)沟通知识联系处点拨

1. 想象:当长、宽、高相等时,长方体变成什么形状了?

2. 正方体有哪些特征?运用研究长方体的方法课下进行研究,并记录在课后研究单上,下节课交流。

课后研究单

1. 正方体的特征是:

2. 我用的研究方法是:

3. 正方体和长方体的关系是:

［设计意图］课上，给学生充分的讨论交流时间和空间，让学生经历观察、猜想、操作、验证等数学活动，自主发现图形特点。在独立思考的基础上，小组合作学习保证了参与的广度与深度。反馈时，注重学习方法的指导，力图使学生学得高效。该环节恰当地使用多媒体辅助教学，让学生在二维与三维之间反复转换，发展了空间观念。

四、反思悟学：建构体系，拓展思维

（一）回顾梳理

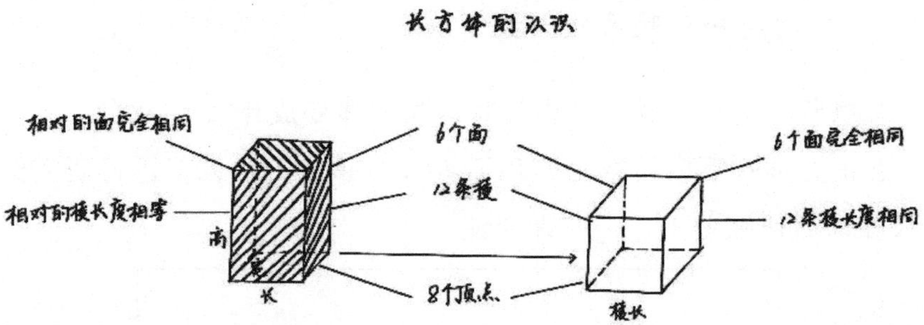

（二）拓展思维

谈话：其实在长方体的特征中还有很多值得研究的问题，比如：1个面上有4条棱，6个面为什么是12条棱呢？1个面上有4个顶点，6个面上为什么是8个顶点呢？等等，感兴趣的同学可课下研究。

［设计意图］学习活动结束后，以思维导图形式梳理知识，指导学生内省反思，总结得失，感悟规律，完善提高。课始让学生带着问题进入课堂，在研究交流中加深对新知的理解和认识，课尾让学生带着深入的思考走出课堂继续研究，培养了学生不断追问、不断研究的探究意识。

【案例分析】

一、课堂向课前开放

在新课程标准下，如何提高学生的学习效率，课前预习是必不可少的。如果课前预习得好，同学们带着问题进课堂，就会有一种想学、想问、想练的良好心理，课上老师所讲的重难点就很容易被学生领悟，激发出自主探索欲望。课前，教师可了解学生的知识基础——长方形与正方形的特征、异同、关系、面积的计算，角的形成，测量长度的方法，以及学习比较的能力和讨论的习惯等。此外，有的学生还在美术课上了解到了立体图形应该如何画。

课前，布置学生按小组收集长方体的物体，并要求拼插一个长方体框架。因为学生在一年级已经初步了解了长方体和正方体，所以学生都能比较顺利地拼组成功，这样不仅调动了学生原有的认知基础，而且为新知的学习奠定了基础。

二、有效利用学习起点

美国教育心理学家奥苏贝尔说过："影响学习的最重要因素是学生已经知道了什么，我们应当根据学生原有的知识状况去进行教学。"《全日制义务教育数学课程标准（实验稿）》也指出，数学课程"不仅要考虑数学自身的特点，更应遵循学生学习数学的心理规律，强调从学生已有的生活经验出发"，而且"数学教学活动必须建立在学生认知发展水平和已有的知识经验基础之上"。这意味着数学教学活动必须把握好学生的学习起点，在学生原有认知水平上组织并展开学习活动。

三、积极倡导合作学习方式

课前通过自学形成个人对知识的构建，课上通过小组合作学习达成共识，然后小组代表汇报，小组间相互质疑、补充，总结出长方体的特征。学生通过有效的合作学习，掌握了长方体的特征，体现了“自主探索、合作交流、达成共识、归纳总结”的数学学习方式，彰显了“教师为主导、学生为主体”的教学理念。这样既培养了学生合作交流的意识，又让学生在获取知识的同时，体验到成功的喜悦，在民主、平等、宽松、愉快的氛围中完成了教学目标。如此，课堂教学真实、朴实，每个学生都有不同程度的收获与提高。

四、在操作比较中发展学生的空间观念

长方体在生活中的应用非常广泛。课前，让学生搜集长方体物体，拼插长方体的框架，学生在此过程中对长方体有了整体的感知与回顾。课上，让学生借助手中的长方体物体，小组合作探究长方体的特征，在此操作和探索的过程中使探究意识和空间想象力得到发展。

在汇报交流环节，有意识地引导学生通过想象、平移、重叠的方式探究长方体的面和棱的特点，这样学生既可以通过测量的方式，也可以通过长方形和正方形知识的迁移来验证长方体相对面和相对棱的特点，然后在想象的过程中发展空间观念。

附录:学习研究单范例

三上《长方形的周长》研究单

班级________姓名________学号________评价________

【学习目标】经历探索长方形周长的计算过程，会用自己喜欢的方法计算长方形的周长。

【学习过程】

1.

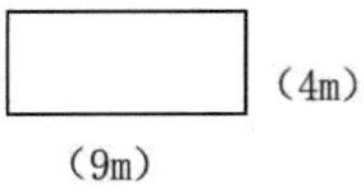

长方形的周长怎么计算？你能想出不同的方法吗？记录在下面。

2. 想一想：要求长方形的周长，需要知道什么条件才能计算？

【学习困惑】

【当堂检测】

1. 基础练习：一个长方形花坛的长是 5 米，宽是 3 米，这个花坛的周长是多少米？

2. 变式练习：一块长方形菜地，一面靠墙(如下图)，其它三面墙围上竹篱笆。竹篱笆长多少米?

3. 拓展练习：一个长方形菜地周长 28 米，长 9 米，宽多少米？

四上《求一个数的近似数》研究单

班级________姓名________学号________评价________

【学习目标】

认识近似数，了解四舍五入法，掌握用四舍五入法求一个数的近似数。

【学习建议】

先认真阅读数学课本 15-16 页，了解四舍五入法。再独立完成。

【学习过程】

1. 你知道什么是近似数吗？举例说明。

2. "32599 大约是几万，242610000 大约是几亿？"

32599≈（　　　）万　　　我是这样想的：

242610000 ≈（　　　）亿　　我是这样想的：

3. 关于求近似数，你有什么想提醒大家的？

【学习困惑】

【当堂检测】

1. 基础练习：用"万"或"亿"作单位写出下面各数的近似数。

34343900≈　　　　676664≈　　　　5170755≈

2850000000≈　　　　40628432660≈　　　　120636895≈

2. 变式练习：一个数，四舍五入到万位后约等于 28 万，这个数最大是（　　　　）。

3. 拓展练习：□可以填哪些数？

265□983≈266 万　□里可以填（　　　　　　）

26□9855432≈26 亿　□里可以填（　　　　　　）

五上《小数乘整数》研究单

班级________姓名________学号________评价________

【学习目标】掌握小数乘整数的计算法则，能正确地进行计算。

【学习建议】请同学们先回忆整数乘整数的计算方法，再独立完成。

【学习过程】

8.4×9=____________（元）

1. 你会计算吗？请写出你的方法。

2. 试一试用竖式计算。

3. 想一想，怎样计算小数乘整数？

【学习困惑】

【当堂检测】

1. 基础练习：　　1.6×52=　　　　1.05×32=

2. 变式练习：

给下面的竖式加上小数点

```
  16.3        8.4
×    8      ×   9
──────      ─────
 1 3 0 4     7 5 6
```

3. 拓展练习：2011年著名的旅游景点曲阜景区，平均每月接待游客35.5万人，2011年曲阜景区全年接待游客多少万人？

六上《分数乘整数》研究单

班级________姓名________学号________评价________

【学习目标】

了解分数乘整数的意义，并掌握分数乘整数的计算方法

【学习建议】

先回忆分数的意义和整数乘整数的计算方法，再独立完成。

【学习过程】

1. 算式 $\frac{1}{5}\times 8$ 表示什么意义？

2. 你会计算吗？请写出你的方法。

3. 画图表示你的想法：

4. 怎样计算分数乘整数？

【学习困惑】

【当堂检测】

1. 基础练习

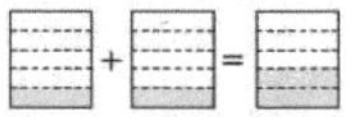

(　　)+(　　)=(　　)

(　　)×(　　)=(　　)

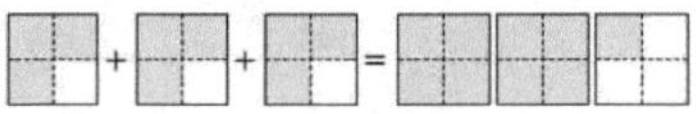

(　　)+(　　)+(　　)=(　　)

(　　)×(　　)=(　　)

2. **变式练习：**一个长方形菜地，长是 20 米，宽是长的 $\frac{3}{5}$，长方形菜地的面积是多少？

3. **拓展练习：**一桶油重 32 千克，用去它的 $\frac{3}{4}$，还剩多少千克？

后记：做一名快乐的追寻者

时光荏苒，一晃间，我已工作二十八年。

回首往昔，虽不是我主动选择了教师这个职业，但从站上讲台的那一刻起，一颗“要做就做最好”的坚定之心便在我胸中悄然生根，成为我职业生涯中不灭的灯塔。

为了成为一名好教师，从1996年站在教学这条起跑线上，我就全身心地投入，一路奔跑，从未停滞片刻。我所追寻的，是充满生机与活力的课堂，那里不仅是我传授知识的殿堂，更是我和学生们心灵交汇、共同成长的乐园。在这个舞台上，我矢志不渝地践行着一条信念：让每一位学生的心灵都能在数学的世界里自由翱翔，享受学习的乐趣，茁壮成长。

多年的教学实践，如同细水长流，滋养了我和孩子们的心灵。课堂，这个我们共同探索与创造的天地，见证了无数次灵感的碰撞与激情的绽放。从最初对数学的排斥到如今对其教学的热爱，我深刻体会到，优秀的教师不仅是知识的传递者，更是课堂生命力的激活者。他们能够让课堂焕发出勃勃生机，成为学生个性张扬、思维活跃、智慧提升的沃土。在这里，每一个孩子都能感受到数学的魅力与乐趣，他们在挑战中成长，在成功中收获，知识与能力并蓄，智慧与品格同辉。

追忆往昔，教育的征途虽漫长且充满挑战，但正是这些宝贵的经历与成就，让我更加坚定了前行的步伐。我相信，只要我们心怀热爱，勇于探索，乐于分享，就一定能在教育的道路上幸福前行。

“创造阳光般的课堂，让每个学生都快乐成长”是我的愿望，我会为实现这一目标继续孜孜不倦地追寻着，探索着……